LA BETULLA
10

SALAMANDRE

Daniela Calastri-Winzenried

Daniela Calastri-Winzenried

SALAMANDRE

Armando Dadò editore
Locarno

Si ringraziano per il loro contributo:

la Repubblica e Cantone del Ticino
e la Pro Helvetia, Fondazione Svizzera per la cultura.

ISBN: 978-88-8281-345-1

CH-6600 Locarno, Via Orelli 29, www.editore.ch

«Nella nostra felicità nuotiamo
come salamandre nelle fiamme.
Come salamandre, infatti, abbiamo vissuto nel fuoco
e più nessuno potrà separarci!».

Carlo Stauffer

Firenze, novembre 1889

Sono le otto di mattina e nella grande stazione di Firenze i lampioni a gas sono ancora accesi. Una luce giallastra si riverbera sui viaggiatori che vanno e vengono carichi di borse e valigie, finché un rombo improvviso annuncia l'arrivo di un treno. Un uomo, che indossa un giaccone di pelle sbiadita, con le falde arrotondate e le maniche troppo corte, prende la borsa e se ne sta silenzioso sui gradini della carrozza, aspettando che si fermi. Poi apre lo sportello e a passi veloci si avvia verso l'uscita.

Fuori un alone di nebbia avvolge la città e si insinua nei suoi capelli, che scintillano come i fianchi di una nave sotto la pioggia. Non appena riesce a districarsi dalla confusione che regna attorno alla stazione, sale su un omnibus a cavalli e si mette a sbadigliare. Vorrebbe solo dormire, ma i cavalli trottano veloci lungo l'ampia strada maestra e raggiungono in fretta la via in cui gli tocca scendere. Sorpreso dalla pioggia si ripara nella cupola nera del suo ombrello e varca un grande cancello che dalla strada immette in un cortile pieno di un pittoresco disordine all'italiana: cassette di ortaggi vuote, rose rampicanti ormai prive di fiori, che invadono i muri e battono alle finestre delle facciate. È il cortile della pensione Bonacini, che Carlo Stauffer ha scelto come luogo d'incontro con i suoi amici.

Un'ora più tardi lo raggiunge Cornelia Wagner, una ragazza graziosa, con il viso vivace, finemente scolpito, che è stata allieva di Stauffer all'Accademia delle Belle Arti di Berlino. Lui la sta aspettando, nascosto dietro a un giornale. Lei getta un'occhiata sulla sua testa rotonda, posata quasi senza collo sulle spalle, e si avvicina rapida nel suo impermeabile chiaro. Con sé reca solo una piccola valigetta con l'occorrente per la notte. Il professore le va incontro e le chiede com'è andato il viaggio.

– Dove sono gli altri ospiti?

– Dovrebbero raggiungerci tra breve.

La invita a portare la valigia nella camera che le ha riservato al primo piano.

Cornelia si affretta verso le scale della vecchia pensione. Quattro camere, una in fila all'altra, danno tutte su un lungo terrazzo. In piedi nella stanza, si appoggia con le mani alla spalliera del letto e osserva la finestra che gocciola dall'alto in basso. Per strada è novembre. Alberi grigi, intrisi di pioggia.

Dalla valigia estrae un oggetto che le è particolarmente prezioso: la sua ultima incisione, frutto di un lungo e attento lavoro. Impaziente di sottoporla al giudizio del professore non esita a tornare al pianterreno.

– Guarda, è la mia ultima fatica – esulta.

Stauffer esamina con attenzione l'incisione, mentre una sigaretta gli pende da un angolo della bocca. La ragazza ha la sensazione che la cenere della sigaretta minacci il suo lavoro e svelta gli avvicina un posacenere. Passano dieci lunghissimi minuti prima che si decida a esprimere un giudizio. Finalmente annuisce.

– Ho sempre saputo che hai del talento, dovresti spedire l'incisione al direttore della mostra di Berlino. Se vuoi gli scrivo due righe di raccomandazione.

Cornelia non chiede di meglio e gli porta subito carta e penna.

Uno scricchiolio di passi strappa Carlo alle sue riflessioni. È la signora Lidia Welti, figlia di Alfred Escher, ideatore della galleria del San Gottardo, e nuora del Consigliere federale Emil Welti, che, nel suo abito di maglia bordato di ocra scende leggera lungo la tromba delle scale. La signora Welti non è bella, eppure riesce a essere attraente, forse per il suo portamento sciolto, come se tutto si svolgesse in uno spazio largo e libero, o per il suo modo di fare che fa sentire chiunque a proprio agio.

Stauffer si intrattiene con lei fino all'arrivo dell'ultimo ospite, lo scultore Max Klinger, suo amico da molti anni.

Il fuoco è acceso nel salotto, ma i muri sono ancora freddi. Carlo si siede a cavalcioni sulla sedia, con i gomiti sulla spalliera. Non ha rispetto per le convenzioni, può permetterselo.

– Sto per annunciarvi qualcosa di assolutamente grandioso – esordisce, sollevando un sopracciglio. – È mia intenzione fondare a Firenze un'Accademia d'Arte per i giovani artisti e dare loro l'opportunità di lavorare in un ambiente adatto alle loro esigenze: atelier vasti e luminosi, quindi, con possibilità di lavorarvi il marmo. Per realizzare il mio piano mi occorre una casa immensa, con molte stanze e un vasto giardino, ma, senza l'aiuto finanziario della qui presente signora Lidia Welti e di suo marito Emilio, il mio progetto sarebbe destinato a naufragare.

Include volutamente il nome del marito, perché sa che una donna sposata non può disporre dei propri beni senza il suo consenso.

– Nella futura accademia si avvertirà l'influenza di Goethe e Schopenhauer, come pure quella dei grandi greci: Socrate, Platone e Aristotele.

Gli ospiti lo ascoltano estasiati e non gli levano gli occhi di dosso, tuttavia percepiscono in lui qualcosa di vagamente esagerato, che non osano esprimere. Soltanto Lidia si lascia conquistare totalmente dal suo discorso. I suoi occhi pieni di avida attenzione non vacillano e non si ritraggono da quelli di lui. Tra di loro si insinua una sorta di corrente elettrica: il desiderio di lei attinge soprattutto dall'anima e dalla mente, quello di lui, più passionale e più avido, potrebbe dimostrarsi più forte dei suoi propositi.

Cornelia trascorre il pomeriggio in camera. Seduta sul bordo di una sedia sbuccia un'arancia e si interroga sulla generosità dei coniugi Welti, intenzionati a finanziare il costoso progetto di Stauffer. Un'Accademia d'Arte a Firenze finanziata e voluta da una coppia di ricchi patrizi zurighesi, disposti a sostenere il progetto megalomane di un ritrattista bernese trasferitosi da poco a Roma. C'è qualcosa in tutto questo che non la convince. Perplessa affonda i denti nell'arancia, ma non fa in tempo a deglutire che qualcuno bussa alla porta.

– Cornelia, ci sei?

Gocce di succo d'arancia le imbrattano il mento, mentre va ad aprire.

Stauffer le chiede cosa ci faccia chiusa nella camera d'albergo in pieno giorno, e le propone di fare due passi in città. Lei sbircia dalla finestra e acconsente. Ha cessato di piovere, tra le nuvole basse e arruffate scorre un filo di luce.

Costeggiano a piedi il parco, il sole fa capolino ma non basta ad asciugare le foglie gialle che ricoprono l'erba. Dalla strada in leggera discesa appare, vicinissima, Firenze, con i suoi monumenti, la Cattedrale, i conventi e le case pittoresche sparse qua e là sulle colline. Attraversano le strade, senza meta, seguendo l'ombra dei palazzi e dei tendoni dei caffè.

Carlo non si rende conto di camminare sempre più in fretta e Cornelia ha l'impressione che si sia dimenticato di lei. – Starà pensando ai suoi nuovi progetti – si dice convinta, ignorando che il turbamento del suo compagno è dovuto all'attrazione che prova per la signora Welti. Se Carlo dovesse cedere all'amore la posta in gioco sarebbe altissima, ed è per sfuggire alla sua grande tentazione che ha invitato Cornelia a fare una passeggiata.

– Allora cosa ne pensi del mio progetto? – le chiede con titubanza, in stridente contrasto con il suo abituale modo di fare. Ma è costretto a ripetere la domanda, perché Cornelia è rimasta indietro e lui deve adattare il passo a quello di lei.

– Bello! Ma i signori Welti sono veramente disposti a pagare quell'ingente cifra?

– Certo, e lo fanno perché credono in me e nel mio geniale progetto!

– Sono ammirevoli – risponde lei, trotterellando leggera al suo fianco. Poi vuole sapere qual è il lavoro che intende affidarle.

– Corri troppo... è un'idea che va sviluppata con calma,

ma per realizzarla mi occorrono artisti dotati e capaci e tu ne hai le qualità. Ci conosciamo da diversi anni, ormai, e so cosa sei in grado di fare.

Cornelia sorride e i suoi occhi hanno un guizzo di felicità. Carlo nota il suo sorriso e per la prima volta non la considera più soltanto un'allieva. La guarda come un uomo può guardare una donna: nota la sua vita snella e delicata e i seni pieni sotto il maglioncino nero. La timida grazia nei suoi gesti gli sembra un richiamo.

– Hai la sensibilità dell'artista e sei sempre stata la mia allieva prediletta!

Istintivamente le passa un braccio attorno alle spalle. Lei, confusa e meravigliata, non sa se considerarlo un gesto d'amicizia o qualcosa di più, e per l'intensità di quella sensazione rimane impietrita.

Sono le sedici e a quell'ora la città si risveglia. Si alza la saracinesca di un bar, la investe il profumo del caffè, lui la invita a entrare. Se ne stanno in piedi davanti a un bancone di marmo appiccicoso, in attesa del barista che non c'è.

Un desiderio improvviso e fugace si desta nel pittore, che la stringe a sé con dolcezza. Lei lo guarda con innocente curiosità, poi si ritrae. Forse Carlo potrebbe riuscire a innamorarsi di lei e così a sfuggire dalla tentazione di sedurre una donna sposata, trascinandola nell'adulterio.

Sfiora Cornelia con la sua guancia ruvida e di punto in bianco le chiede se vuole diventare la sua fidanzata. Poi l'abbraccia di nuovo, e al sopraggiungere del barista la lascia andare. Lei, sempre più imbarazzata, abbassa le palpebre, si confonde, non dice più nulla. Lui cerca il suo sguardo che gli sfugge.

– Sono troppo precipitoso, lo so, ma cosa vuoi farci, sono fatto così. Non mi piace girare attorno alle cose, in fondo ci conosciamo da molto tempo...

Il barista serve il caffè e Cornelia, che di solito lo beve amaro, senza nemmeno accorgersene lascia cadere tre zollette di zucchero nella tazzina. Da sopra la tazza Carlo le guarda i capelli, lunghi e mossi, trattenuti sulla fronte da un nastrino viola.

– Hai tutto il tempo per pensarci...

Svuota d'un colpo la tazzina e se ne fa riempire un'altra. Soltanto allora si accorge che lei non ha ancora iniziato a bere.

All'ora di cena Stauffer si ripresenta con nuovi grandiosi progetti, che espone con l'impazienza e la fiducia di un bambino. Parla di un viaggio che avrebbe condotto i suoi ospiti a Paestum, nella piana del Sele, in provincia di Salerno, dove avrebbero visitato un vecchio tempio, per poi proseguire in India, a Bombay, e lasciarsi ispirare dagli antichi monumenti d'Oriente. Al loro rientro, tutti insieme avrebbero realizzato la costruzione di un tempio nuovo, dove ci si sarebbe recati in pellegrinaggio come a Olimpia e a Bayreuth. Lui si sarebbe improvvisato architetto: da alcuni mesi, infatti, l'architettura era diventata la sua nuova passione. I signori Welti avrebbero ancora una volta finanziato la sua grande opera; mentre gli amici Max e Cornelia avrebbero decorato le facciate esterne del futuro monumento.

L'artista pronuncia il suo discorso subordinando ogni cosa alla sua creazione; non ci sono più né limiti né riguardo per gli altri, neppure per la signora Welti, i cui occhi sono ora disperatamente incollati su di lui. Terminata l'esposizione, Stauffer balza in piedi facendo strisciare la sedia sul pavimento ed esce dalla stanza, mentre gli ospiti restano lì impacciati, come degli estranei a una festa.

Nell'aria fredda e silenziosa della notte echeggia il suono di una campana. Cornelia, sprofondata nel divano accanto al letto con le braccia allargate sui braccioli, riflette su quella precipitosa proposta di fidanzamento. Lei, la moglie di un famoso artista! Le viene da ridere, i suoi occhi si illuminano di un ardore vivo, ma solo pochi minuti dopo si mette a piangere, ha il cuore in subbuglio… Con Carlo condivide l'amicizia e la passione per l'arte, ma non ha mai pensato all'amore, forse lo ha sempre ammirato troppo. Ci penserà domani, ora ha soprattutto bisogno di dormire.

Nella camera accanto anche la signora Welti non dorme. Pensa all'Accademia d'Arte e immagina il futuro tempio: l'universo di Carlo sta per diventare il suo mondo.

La vita con suo marito a Zurigo, nell'immensa proprietà di famiglia chiamata il *Belvoir*, non è come se l'era immaginata al momento del matrimonio: suo marito è meno brillante e intraprendente dei loro rispettivi padri e non è socialmente affermato; i suoi amici sono decisamente poco interessanti. Lidia sa che non può e non deve paragonare il padre al marito, ma in segreto rimpiange l'ambiente che la circondava nella villa paterna. A ricordarle la presenza incancellabile di suo padre, davanti a casa cresce un imperioso acero rosso. L'ha piantato alla sua nascita, dal seme di un gigantesco acero americano. Ora è diventato un albero alto e robusto, che le fa rivivere la vivace atmosfera del vecchio Belvoir: divani blu elettrico, carta da parati argento e lei, nel ruolo di giovane padrona di casa, che conversa disinvolta e assorbe avida i discorsi dei molti personaggi illustri, che frequentano il suo salotto. Soltanto ora che suo padre non c'è più si rende conto di quanto lo abbia ammirato e amato.

Escher è sempre stato contrario al matrimonio di sua figlia con Emilio Welti, figlio del quindicesimo Consigliere federale della giovane Confederazione.

Emil Welti, che porta lo stesso nome del figlio, è considerato l'uomo forte del governo ed è soprannominato il Bismarck svizzero per il suo carattere inflessibile e per la sua attitudine a comandare e a manipolare gli altri. Convinto che la ragione domini il mondo, in famiglia, come in politica, è abituato a decidere tutto da solo. I due Welti oltre allo stesso nome e cognome hanno poco in comune: agli occhi del vecchio il giovane è troppo sensibile, e la sensibilità è un impedimento nella vita pratica; se può essere tollerato in una donna, in un uomo va combattuto e soppresso. Per compiacere il padre, Emilio si è fatto introverso e taciturno, senza per questo essere diventato più forte. Se da ragazzo suonava bene il violino e dimostrava di avere un certo talento per la musica, una volta conseguito il diploma di maturità, non venne neppure sfiorato dall'idea di studiare al conservatorio. Secondo il Consigliere federale un musicista, come del resto qualsiasi artista, è perdonabile solo quando ha successo. Emilio, sulle orme paterne, aveva quindi scelto di studiare diritto.

Lidia si era innamorata di lui a diciannove anni. Le piacevano i suoi lineamenti marcati e il suo corpo robusto, che contrastavano con il suo modo discreto di vestire e di parlare. Si divertiva a catturarne lo sguardo quasi per sfida e, in segreto, si raffigurava teneri baci e grandi abbracci. Ed ecco che un giorno, quando meno se l'aspettava, Emilio le prese la mano e d'impulso le allacciò le braccia attorno alla vita e la baciò, senza darle neppure il tempo di provare imbarazzo. Da quel momento cominciarono a frequentarsi, ma presto i frammenti di felicità che potevano concedersi non bastarono più, e avvertirono il bisogno di regolarizzare la loro unione con il matrimonio. L'idea piacque subito al vecchio Welti, che accolse la futura nuora come una principessa. Lidia, figlia unica di un uomo di spicco, ricco e potente, è una grande ereditiera: il Consigliere federale non può augurarsi di meglio per suo figlio e così, malgrado i dissidi avuti in passato con Escher, incoraggia i due giovani a sposarsi. Il matrimonio viene celebrato alcuni mesi dopo la morte di Alfred Escher, che aveva dato il consenso alla loro unione soltanto due o tre settimane prima di morire.

Un ricordo cammina nel buio e si infila sotto le coperte accanto a lei, riportandola alla prima notte del loro viaggio di nozze a Roma.

Emilio è più estroverso e spontaneo del solito: sembra quasi che gli basti essere lontano dal padre per guadagnare in vitalità e in disinvoltura, ma è un'illusione e già durante la loro prima notte d'amore qualcosa sembra destinato a incrinarsi. A cena beve un bicchiere di troppo e, pur senza essere ubriaco, manifesta un'ebbrezza strana, che lo lascia lucido e freddo. È come se la voce possente di suo padre lo stesse ammonendo: – Ricordati che la ragione deve sempre governare i sentimenti; la passione è pericolosa, è un additivo potente che dà alla testa. Se non vuoi dipendere da una donna, mantieni la mente lucida –. La voce sale le trombe delle scale, entra dalle finestre spalancate e si ripercuote attraverso le porte lasciate aperte. Emilio è nervoso. Si riempie un bicchiere di acqua e guarda Lidia soprappensiero. Anche a distanza il padre lo ostacola, lo soffoca ed esercita la sua influenza su di lui. Più tardi, in camera da letto, lei gli accarezza la testa e lo bacia sulla bocca e lui la prende tra le braccia e la stringe forte a sé. Si stendono sul letto, ma lui abbraccia il suo corpo nudo e invitante più con sollecitudine che con passione. La preme contro di sé, le sale sopra ma lei si contrae. I gesti di lui, meccanici e privi di sensualità, non sono come lei se li immaginava. Spegne la luce e si mette a singhiozzare nel buio, lui si volta verso la parete e non tarda ad addormentarsi. Tornano da Roma prima del previsto. Nessuno, neppure il padre Welti, indaga sul motivo del loro precipitoso rientro.

Il cuore le si stringe a quel ricordo, pensa con rammarico che se lei e Carlo si fossero conosciuti prima avrebbero potuto realizzare molti progetti e probabilmente lei non si sarebbe mai sposata!

L'unico ad addormentarsi subito stanotte è Carlo, ma è anche il primo a svegliarsi e nel silenzio che precede l'alba decide di fare due passi in città.

La mattina è ancora fredda, le vie sono deserte, l'unico caffè aperto è vuoto e sembra una tetra sala d'aspetto. Mi viene servito un caffè tiepido, pronto da chissà quanto, ma non ci faccio caso, nella mia mente esplode come una bomba la rabbia contro Emilio, che fa apposta a lasciarmi solo con sua moglie, pur sapendo che ci scriviamo da quattro anni. Lidia non gli ha mai nascosto le nostre lettere, sempre più lunghe e più frequenti, ma che razza di marito è, mi chiedo, uno come lui, sempre impegnato nel lavoro, che quando non lo è si inventa importanti affari all'estero e parte in compagnia di un amico, lasciando la moglie sola per intere settimane? Potrebbe essere un omosessuale, mi dico, uno di quelli a cui il tradimento della moglie ricca farebbe comodo, perché, se incolpata di adulterio, sarebbe obbligata a lasciare al marito buona parte del suo cospicuo patrimonio.

Il fragore di un tuono, la luce viene a mancare, uno scroscio di pioggia allenta l'aria tesa del locale e interrompe i miei pensieri. Non mi importa di essere senza ombrello, l'osteria deserta mi opprime, cammino sotto l'acqua e con la mano scaccio la pioggia che mi riempie gli occhi. Sono le sette del mattino e il mio corpo è già stanco, sono un vigliacco, mi dico, non avrei dovuto fare quella proposta a Cornelia, anche se è carina, anche se ha uno sguardo intelligente, anche se ci vado d'accordo, perché non sono innamorato di lei. Ma l'amore può venire dopo, mi convinco, e comunque a tornare indietro ci farei una brutta figura, ma di certo sarebbe meglio se lei rifiutasse. Entro in un'altra osteria perché ho freddo, l'aria sa di aglio e di patate, ho una gran sete, mi sembra che l'agitazione interiore mi abbia assetato. Ordino un bicchiere di vino e quando lo bevo mi sento subito meglio. Deciderà lei, rifletto, e già me la vedo davanti vestita da sposa, i capelli raccolti, il collo delicato e liscio, radiosa e piena di attese. Faccio un respiro profondo, andrà come deve andare, concludo, e intanto avverto una pressione sulla vescica, chiedo del bagno, mi affretto a ritirarmi, mi svuoto fino all'ultima goccia e sono pronto ad affrontare una nuova giornata.

Carlo e Max si scambiano opinioni e discutono su nuovi progetti, e intanto attraversano piazze illuminate, vicoli bui e portici bianchi e splendenti. I negozi della città sono aperti, c'è chi si allontana soddisfatto del proprio acquisto, chi invece non può nemmeno avvicinarvisi e si limita a sperare di ricevere qualche moneta dai passanti. Per le strade ci sono carrozze eleganti e carrozze di terza categoria, che rumoreggiano e sbandano di lato. Verso sera, al sopraggiungere del crepuscolo, il traffico si fa più rado; poche vetture e poche carrozze, qualche ombrello e impermeabile che passano veloci rasentando le case.

– Ho ancora una proposta da farti! – esclama Stauffer agitato, e parla all'amico di una pubblicazione, da stamparsi in cinquanta copie, in cui intenderebbe inserire i loro lavori grafici e quelli di Cornelia Wagner. Sarà un volume eccezionale che soltanto i ricchi potranno permettersi di acquistare.

Klinger lo ascolta perplesso e anche un po' preoccupato; tutto in Carlo gli pare eccessivo. Eppure ancora una volta accetta l'incarico che gli viene proposto: – In fin dei conti – si dice – se si concretizzasse anche solo una minima parte di ciò che promette, sarei uno sciocco a rifiutare.

Quella notte fa un sogno che gli lascia una sgradevole sensazione.

Un lungo nastro latteo avvolge Stauffer e si espande ovunque egli vada. È diventato il Signore della nebbia ed è entrato in una nuova dimensione: pennelli, colori e tele non gli servono più. Si muove liberamente nell'universo, conquista spazi sempre nuovi e si sente sempre più vicino a Dio. La sua risata squillante rimbomba allegra nella nebbia, ma d'un tratto si fa acuta e stonata, come se qualcosa di appuntito gli fosse rimasto incastrato in gola. All'improvviso la nebbia si ghiaccia e il grande Stauffer rimane prigioniero del freddo. Silenzio di tomba, nessun movimento, nessuna luce, come se anche l'aria fosse morta. Klinger deve fare qualcosa se vuole salvare l'amico, invece si sveglia con un sobbalzo.

Max è il primo cliente a fare colazione. I fiori sui tavoli, le tovaglie candide e il vasellame nuovo sembrano apparecchiati apposta per lui. Si taglia una grossa fetta di pane e beve il tè, che è troppo forte. Vorrebbe dell'acqua per allungarlo, ma il cameriere è sparito e lui non può aspettare, il treno per Roma parte tra poco. Deve recarsi al Consolato svizzero, dove ha appuntamento con il ministro Bavier. Gli parlerà di Stauffer, delle sue manie di grandezza e del suo comportamento bizzarro e gli chiederà di fermarlo.

Pomeriggio. Nuvole gonfie ma svuotate di pioggia, le belle giornate sono finite, torna l'inverno. La luce filtra attraverso le grandi vetrate colorate del Duomo e scalfisce appena la penombra. Se non fosse per i ceri accesi sui candelieri e sul grande candelabro, la cattedrale sarebbe immersa nell'oscurità.

L'appuntamento è fissato per le diciotto, ma Carlo ancora non c'è. Lidia lo aspetta con bruciante impazienza, l'attesa è un veleno che la rende di cattivo umore. Seduta su una panca nell'ultima fila respira il greve odore d'incenso. Le sue dita avviluppano nervosamente un filo scucito della giacca, non riesce a star ferma. Anche Stauffer è nervoso, sa di andare incontro a una tempesta. Le si avvicina con passo circospetto e le sfiora dolcemente una spalla. – Che strano posto per un appuntamento – mormora, e lei, senza guardarlo, gli sussurra di essere al corrente del suo fidanzamento con Cornelia. – Rifletti su ciò che stai facendo! – lo ammonisce e lo avverte che, se dovesse avere intenzione di sposarsi con la Wagner, dovrebbe considerare interrotto qualsiasi loro rapporto, anche epistolare. – E cesseranno all'istante tutti i miei finanziamenti e anche quelli di mio marito – conclude risentita.

Controlla la fodera della sua giacca, l'abbottona fino al collo e a passi rapidi esce dal Duomo.

Sono rimasto lì come un cretino a guardare i grandi ritratti dei santi appesi ai muri della Cattedrale; speravo che uno di loro mi togliesse da quel brutto pasticcio, ma non si sono mossi dalle loro cornici. Non sono credente, ma non è colpa mia se non riesco a dare un senso a uno come Lui che se ne sta sempre indisturbato lassù, e non interviene neppure per salvare la Sua Creazione. E se il male prendesse il sopravvento? Se per gli uomini arrivasse il conto alla rovescia e il mondo andasse a pezzi? Ma io, mi interrogo angosciato, cosa faccio per contribuire al Bene? Forse non mi prodigo abbastanza per gli altri, non lotto contro le ingiustizie sociali e contro gli abusi, mi rimprovero, ma poi rido di me stesso e dei miei strani pensieri. Cornelia ha appena accettato di diventare la mia fidanzata, ancora una volta me la vedo davanti, leggera e vivace, che assomiglia a una gazza verde-azzurra, e me la immagino mentre mi punta gli occhi addosso come ferri da calza e al solo pensiero mi si sciolgono le gambe per la paura.

Le campane si mettono a suonare furiosamente e attirano i fedeli e, mentre mi appresto a uscire, arriva anche il prete e non oso più raggiungere l'uscita. Per fortuna sbriga la messa con celerità, pone abilmente le ostie sulle lingue protese, ritrae svelto la mano e finisce la messa nella forma dovuta, senza dare una risposta ai miei perché.

Firenze, 8 novembre 1889
Mattina

Le ho detto di non poterla sposare e ora aspetto la sua reazione come una grazia o una condanna, invece mi guarda con quella sua aria interrogativa e non si muove dal suo posto. Trattiene le lacrime e gliene sono grato, non saprei come consolarla, forse mi metterei a piangere a mia volta e sarebbe la cosa più sbagliata. Il silenzio e la tensione si protraggono per più di un minuto e già non li reggo. Esco come un vampiro dalla stanza illuminata da un alba color limone, ma la mia coscienza non mi dà pace finché un'idea mi attraversa come una freccia il cervello: risarcirò Cornelia per la delusione subita, convincerò Lidia ed Emilio a concederle una borsa di studio e a regalarle una pressa per la stampa su rame, così lei si sentirà alleggerita dai problemi finanziari, diventerà indipendente e potrà concentrarsi sul suo lavoro di artista, senza più doversi preoccupare di come sbarcare il lunario.

Pomeriggio

Stauffer ha ritirato la sua proposta di matrimonio. La Wagner, imbacuccata in un maglione color foglia, trema mentre la borsetta le batte sulle ginocchia. Ha il cuore a pezzi: Carlo ha fatto marcia indietro perché Lidia lo ha costretto, i suoi sentimenti non possono essere mutati in una notte! Quella donna non le piace. Ha i tratti di una gran signora che conosce le convenienze e a lei le grandi dame non piacciono. Quella non ha mai guadagnato un centesimo, non conosce la fatica e non ha mai avuto a che fare davvero con il denaro. È nata signora, solo per questo tutto gravita attorno a lei. Carlo non dovrebbe lasciare che si intrometta nelle sue questioni private e lei farebbe meglio a occuparsi degli affari di suo marito.

Cornelia si sente come un albero coi nudi rami protesi nella bufera. Con il dorso della mano si stropiccia gli occhi gonfi di pianto, poi scivola nel letto, senza quasi alzare lenzuola e coperte, combattuta tra il desiderio di tornare a casa e quello di rimanere in albergo. Decide che non si lascerà spazzare via come polvere da quella donna, non le darà questa soddisfazione. E poi Carlo potrebbe ancora avere bisogno di lei, forse è soltanto un po' confuso. Si tira su, si alza e con un sospiro raggiunge il bagno ben riscaldato e attrezzato con una tinozza di legno e un secchio igienico. Ha sempre detestato il freddo e quel tepore le fa bene. Si dirige verso lo specchio, accende la luce a petrolio e vede la sua immagine riflessa: capelli scompigliati, viso deformato dal gran piangere, espressione corrucciata. Le sembra che stia guardando qualcun altro. Si lava la faccia con il sapone, poi si friziona con l'acqua fredda e si sente meglio.

Sera

Cammino senza sapere dove sto andando. Con i pensieri sono con i miei amici nel futuro Tempio. Stiamo portando a termine gli ultimi ritocchi, e già una marea di gente si accalca all'entrata per complimentarsi con me, il celeberrimo Carlo Stauffer, genio capace di creare opere immortali. Forse tu, Lidia, sei l'unica donna in grado di capire fino in fondo la mia arte! La tua ammirazione mi è indispensabile, sei un incentivo alla mia creazione, ed è anche per questo che voglio amarti. L'altro giorno, quando ti ho chiesto di diventare la mia amante, ti sei limitata a sorridere e con il tuo sorriso hai reso felice un genio. Ma perché il nostro amore non può e non deve realizzarsi mai? La sera si adagia piano e morbida sulla terra e ancora sto camminando, supero case e parchi, botteghe e taverne ed è come se qualcuno o qualcosa mi spingesse inesorabilmente avanti. Cammino per non pensare a te, amore mio, per non avvertire di nuovo questa tensione amorosa che mi fa impazzire. Ma perché tuo marito non torna? Perché mi lascia per così tanto tempo in compagnia di sua moglie, una donna che adoro?

Notte

La caligine è sparita, il freddo si è insinuato sotto la mia giacca. Me ne sto solo nel grande parco, di fronte alla pensione Bonacini, tra gli alberi arruffati e gli aghi di pino che brillano, bianchi e duri, avvolti in una foschia d'argento. La luna scintilla sui rami spogli e sui miei capelli. Sono le quattro del mattino, raggiungo l'entrata dell'albergo, le imposte sono chiuse, tutti dormono ma non me ne importa, sono qui per stipulare un contratto, non posso aspettare. Tendo la mano verso il campanello, vi premo il dito con forza, qualcuno impreca e mi maledice, poi la porta si apre e compare un ragazzo smilzo con la testa lunga e stretta, che sembra lo abbiano tirato fuori dal letto con una te-

naglia. Ficca le dita nella tasca dei suoi pantaloni stinti, ne cava un orologio e guarda l'ora, poi mi chiede se mi sembra l'orario di suonare alla porta. Mi rendo conto che mi ha confuso con un uomo qualsiasi, forse non mi ha guardato bene, se lo avesse fatto avrebbe indubbiamente riconosciuto il grande Stauffer e si sarebbe scusato per il suo comportamento oltraggioso e, inchinandosi davanti a me, avrebbe mormorato una galanteria.

Gli ordino di svegliare il suo padrone, il mio tono e i miei modi sono imperiosi, non può fare a meno di obbedire. Il signor Bonacini, avvolto in un lungo accappatoio azzurro, scende le scale reggendosi con entrambe le mani alla balaustra. – Cosa c'è di tanto urgente? – mi domanda, sforzandosi di rimanere cortese. Mi sento una furia dentro, per l'agitazione mi stropiccio le mani e cammino avanti e indietro come una pantera, – Sembri una marionetta impazzita! – esclama, e io mi chiedo se sono davvero pazzo o se sono soltanto gli altri a considerarmi tale. – Sono qui per concludere un affare – lo avverto, e gli spiego che dopo aver visitato alberghi, ville e castelli sparsi un po' ovunque in Toscana mi sono deciso per la sua pensione, perché è la più idonea a essere trasformata in una Galleria d'arte. – Voglio pagare subito una caparra – aggiungo. I suoi occhi incontrano i miei, poi si abbassano con ostinato riserbo.

Cornelia trascorre un altro giorno nella pensione Bonacini. Vuole rimanere vicino a Carlo, si preoccupa per il suo stato, lo vede pallido, irascibile, sempre immerso in oscuri pensieri. È piena di buoni propositi nei suoi confronti, ma lui è come un'anguilla e non si lascia acchiappare. Soltanto una volta viene a cercarla per parlarle della costruzione del tempio, teme che i mezzi finanziari siano insufficienti e, pur di realizzare i suoi piani, si dichiara disposto a unirsi in matrimonio con una ricca signora, sua grande ammiratrice. Ha la faccia tosta di chiedere a Cornelia di aiutarlo a contattare questa nuova finanziatrice, se fosse necessario. A questo punto però la pazienza della Wagner si esaurisce e la mattina seguente prende il primo treno per Roma e torna a casa. Rientrando, la sua prima reazione è fare a pezzi una piccola tela a cui tiene tanto, poi si accascia sconsolata in una poltrona. Nelle sue pupille brillano lacrime amare.

Firenze, 10 novembre 1889

Carlo rimane solo con Lidia ed è esattamente ciò che avrebbe voluto evitare. Decidono di fare una gita alla Certosa, a pochi chilometri da Firenze. Quando escono dalla pensione il sole illumina gli alberi, divenuti gialli e rossi dopo le prime notti di gelo. La carrozza percorre una strada sterrata, piena di buche, e in mezz'ora raggiunge un grandioso complesso di edifici con chiostri, chiese e cappelle, situato dietro a un colle piantato a ulivi e cipressi. Percorrono a piedi uno stretto viottolo, che li conduce direttamente all'ingresso della Certosa.

– È stata fondata nel quattordicesimo secolo dal fiorentino Nicolò Acciaiuoli, gran siniscalco del regno di Napoli e viceré di Puglia, ma è stata ingrandita e arricchita nei secoli successivi. Comprende tre chiostri e questa bellissima chiesa – spiega Carlo.

Le figure dei due visitatori si stagliano contro lo sfondo scuro della chiesa, che si dilata nelle cappelle laterali e poggia, ben salda, sui sotterranei in cui riposa il suo fondatore. Il suono metallico di un turibolo si confonde con il canto strascicato di alcune monache e con l'odore dell'incenso; un debole raggio di sole riesce a penetrare all'interno della chiesa e illumina un antico coro intarsiato. I due sembrano ammaliati dalle sensazioni che li circondano. Prima di tornare in città visitano il monastero e assaggiano il noto liquore di Val d'Erma, fabbricato nella farmacia adiacente. È pesante, sembra mercurio e Lidia fatica a mandarlo giù.

Il buio li raggiunge alle sei del pomeriggio. Nelle stradine e nei viottoli di Firenze la vita è fervida: c'è gente sulle soglie delle case e delle botteghe, vi si diffondono musiche e canti accompagnati senza sosta dal clamore delle risse e dalla baldoria di alcuni ubriachi. Passeggiano per un grande viale con vecchi lampioni a gas e si lasciano avvolgere dalla tipica atmosfera del sud, impregnata di colori, odori e umori umani. La gente è estroversa, sempre pronta all'abbraccio e alle chiacchiere; la vita è inondata di una luce nuova come se le fosse assegnata una melodia radiosa e rassicurante.

Accanto allo sfiatatoio di un forno, dove si respira il profumo del pane fresco, c'è una trattoria che attira la loro attenzione. È ben frequentata e invoglia a entrare. Un cameriere si occupa dei nuovi clienti e porta in tavola alcuni assaggi e fette biscottate spalmate di pasta alle olive.

Le numerose notti in bianco trascorse da Lidia a Zurigo erano sul punto di esaurirla, ora però si è ripresa e si sente di nuovo in forma. Il suo medico aveva attribuito l'insonnia che non le dava pace a una malattia dell'anima e le aveva prescritto dei sonniferi, ma da quando si trova a Firenze dorme senza l'aiuto delle pastiglie.

– Mio padre aveva il tuo stesso problema – le fa sapere Carlo. – Di notte camminava per ore da un angolo all'altro della stanza, e soltanto quando non ne poteva più di stare in piedi si metteva a letto, dove però continuava a rigirarsi tra le coperte, senza mai trovare un po' di pace. La mattina si alzava stanco e gli sembrava di aver appena scalato una montagna. Anche nel suo caso i medici avevano parlato di una malattia dell'anima.

Una scena che credeva sepolta ritorna prepotentemente in superficie e lo riporta indietro nel tempo.

Il sereno scenario familiare deraglia tutto d'un colpo, la tazzina del tè trema nelle mani di mia madre, schizzi scuri macchiano il pavimento di legno, la mamma vola via veloce, un potente urlo rimbomba inesplicabile nelle mie orecchie di bambino. L'urlo attraversa la casa e svanisce su per i cieli come una nuvola. Ho quattro anni e a piedi scalzi assisto, muto e impotente, a una scena raccapricciante: mio padre agonizzante sul letto in una pozza di sangue, il sangue che scorre a fiotti dalle sue vene e tinge di rosso il suo corpo, le lenzuola, il pavimento e tutto ciò che gli sta attorno. La sua vita se ne sta andando, il suo viso, trasparente come l'acqua, mi fa pensare a una pianta tenuta lontana dalla luce. La mamma corre con salviette e asciugamani, tampona e preme sulle ferite aperte, mentre la vicina di casa si precipita fuori dalla porta alla ricerca di un medico. Mio padre, che poco prima voleva morire, ora emette una specie di gemito e con gli occhi spalancati implora aiuto. Il dottore accorre giusto in tempo per salvargli la vita.

Lidia termina l'ultima fetta biscottata, le sue dita luccicano di olio.

– Mi basterebbe cambiar vita e la mia anima guarirebbe. Bisognerebbe moltiplicarle, le anime, e averne tante.

– Sarebbe troppo comodo… ma cos'è che ti turba?

Mentre il cameriere esce ed entra dalla cucina, portando in tavola piatti di cibi freschi, Lidia spiega come, ancora adolescente, si sia sentita responsabile della grande proprietà di suo padre e si sia impegnata affinché il Belvoir conservasse il fascino e la bellezza di cui godeva prima della morte della mamma. Come abbia organizzato e curato scrupolosamente ogni dettaglio, sia in casa sia in giardino: provveduto ai fiori che dovevano essere freschi in tutte le stagioni, deciso dove appendere i quadri, aggiornata la biblioteca e come si sia occupata della cucina, che voleva sempre ben fornita. In giardino impartiva ordini ai giardinieri, pretendeva che le piante fossero rigogliose e i viali costeggiati da fiori. Faceva tutto con grande entusiasmo, sapeva di essere indispensabile a suo padre che la consultava prima di prendere qualsiasi decisione, coinvolgendola nelle discussioni con gli ospiti, i quali la apprezzavano per come sapeva, da sola, governare e gestire una casa tanto grande. Soltanto dopo la sua morte l'entusiasmo è cominciato a scemare. Procedeva per inerzia, senza porsi troppe domande, finché un giorno, senza un motivo apparente, si è sentita soffocare da un senso di inutilità e ha iniziato a riflettere sul significato della sua frenetica attività. Per chi o per cosa investiva tante energie? Forse per suo marito e per i suoi ospiti, che davano tutto per scontato e non possedevano alcun senso dell'estetica? O per un senso di dovere rispetto ai suoi defunti genitori? O lo faceva per se stessa?

– Ho la fortuna di essere una grande ereditiera – continua, tra un boccone e l'altro, – in casa dirigo il personale e sono libera di organizzarmi come meglio credo, ma i miei interessi si trovano all'esterno delle mura domestiche e una casa, per quanto grande e bella, non è il luogo dove la cultura e l'arte possano alimentarsi e dove io possa trovare gli stimoli necessari ad ampliare i miei orizzonti. Voglio viaggiare, conoscere, imparare, aspiro a un'esistenza per quanto possibile estranea alla banalità della vita quotidiana. Le serate al Belvoir in compagnia degli amici di mio marito sono senza sorprese e senza imprevisti e mi annoiano. Non sopporto quell'atmosfera stagnante, solo apparentemente serena, dove tutti sembrano uniti da una specie di garbata complicità. Fiuto un grande vuoto in tutto questo e non voglio esserne assorbita. Non sai come sono contenta che mio marito abbia accettato di trasferirsi qui a Firenze. A dire la verità, non mi sarebbe dispiaciuta neppure Parigi, con la Senna, i suoi ponti, le nebbie, la sua vita frenetica, la moda e la cultura, ma va benissimo così, l'importante è che ci siamo liberati del Belvoir.

Viene servito il piatto principale. Lidia spreme fino in fondo un mezzo limone sulla cotoletta, i semi schizzano da tutte le parti. Carlo approfitta di un momento di silenzio per prendere la parola.

– È stato più facile del previsto convincere tuo marito a trasferirsi qui. Gli ho fatto capire che a Zurigo non ti sentivi abbastanza stimolata intellettualmente, che l'amministrazione di quell'immensa proprietà e i continui battibecchi con il personale ti pesavano. Ho anche puntato il dito contro il clima della Svizzera tedesca, troppo rigido in inverno e troppo nebbioso in autunno in confronto al Sud, una terra esposta alla luce e ai colori, un paesaggio verdeggiante, aperto e senza complicazioni.

– Firenze piace anche a lui, ma finora è stato qui troppo poco, è sempre così occupato...

– Trovo strano che si assenti per un periodo così lungo e che mi chieda di farti compagnia...

Lidia lascia cadere l'argomento e si informa sui suoi nuovi lavori. Lui le dice di avere iniziato a realizzare i modelli delle sculture su bozzetti che poi fonderà in bronzo e di aver quasi terminato la sua prima scultura.

– Andando per musei e per ville a Roma ho scoperto gli artisti dell'antichità e le loro sculture mi hanno a tal punto entusiasmato che ho deciso di diventare scultore.

Fa portare un'altra bottiglia. Porta al naso il bicchiere, assaggia il vino che è leggero e lascia sulla lingua un sapore pulito; lo bevono lentamente e lo sentono scorrere caldo nei loro corpi tiepidi. Il cameriere si aggira nuovamente con i dolci: i bagliori delle candele, al suo passaggio, ne moltiplicano i colori vivaci e producono lunghe ombre dondolanti sulle pareti.

Incoraggiata dal vino Lidia azzarda una domanda:

– Ci scriviamo da quattro anni, la nostra corrispondenza è sempre più intensa e ancora non so quali sentimenti provi nei miei confronti.

Nell'impossibilità di esprimere ciò che sente per lei, risponde:

– Sei tra le donne più interessanti e intelligenti che conosca, ammiro la tua curiosità intellettuale ma, a essere sincero, non ti trovo né bella né attraente e non provo alcuna attrazione fisica per te. Sei una signora di mondo, hai ricevuto un'educazione elevata, ma per i miei gusti sei troppo impegnativa e ricca di spirito. Mi costringeresti a una continua tensione, dovrei sempre preoccuparmi di te e non ne ho il tempo, preferisco dedicare le mie energie alla mia vera amata, l'Arte! – e aggiunge sarcasticamente: – Per me rappresenti una semplice speculazione!

Tenta una risata che ingoia insieme a un lungo sorso di vino.

Lidia reagisce all'offesa con l'imperturbabilità del suo orgoglio.

– La pensiamo allo stesso modo, tra noi l'amore è improponibile. Se provassi un simile sentimento per te, avrei dovuto evitarti già da qualche anno per poter continuare a essere la donna rispettabile che sono sempre stata. Non posso innamorarmi di te, il tuo aspetto esteriore non mi attrae, del resto mio marito è assai più bello di te. E poi sei passato tra troppe braccia femminili e mi sarebbe impossibile accettare di essere soltanto un numero in più nel tuo cuore. Per te provo l'affetto che può provare una sorella per un fratello più intelligente e dotato. Ammiro il tuo talento artistico e la tua amicizia mi è preziosa, ma finisce lì.

Le sue labbra si ritraggono in un sorriso beffardo.

La fiamma della candela si alza trasparente e dritta, ma fluttua a ogni spiffero d'aria mutando i tratti dei loro volti, che ondeggiano come immagini sull'acqua.

Lidia si fa schermo con la mano e fissa distrattamente il bicchiere vuoto che impugna. Come sarebbe tutto magicamente facile se si togliessero quell'odiosa maschera che li fa sentire tanto lontani!

Sintonia di sguardi e sorrisi, labbra socchiuse, seni piccoli e sporgenti nascosti nella scollatura inondata di pizzi… questo vino corposo e irritante esalta in me l'energia e stimola il desiderio: sogno dolci frasi all'orecchio e piaceri sensuali, mi pare di sentire i segreti di quel corpo sconosciuto… Per dominare questa impura passione mi convinco che il desiderio è fine a se stesso, destinato a esaurirsi, come tutto, nel nulla, e comincio a mangiare la calda crostata di frutta. Lidia intanto continua a parlarmi e mi interroga, come se volesse sapere proprio tutto di me. – È ora di tornare in albergo – le dico non appena termina il dolce. – Non sta bene che una donna, di sera, resti fuori troppo a lungo.

Pago il conto, mi alzo da tavola e un po' appesantito dalla cena abbondante mi dirigo all'uscita. Lei mi segue, tenendo goffamente la giacca sotto il braccio.

Le imposte si sono gonfiate per l'umidità, Lidia fa fatica a chiuderle e si limita ad accostarle. Volutamente lascia aperta l'anta di una finestra, perché nell'oscurità le piace respirare l'aroma degli alberi e della resina. Si infila nel letto, spegne la candela e si raggomitola nelle pesanti lenzuola di lino. Vorrebbe dormire, ma nell'ombra della notte il vero sentimento che prova per Carlo cresce e diventa una rivelazione per la sua anima. Somiglia a un piccolo leone addomesticato per il quale prova un misto di tenerezza e di terrore.

Anche Carlo tenta di difendersi dal suo desiderio, ma non ci riesce e diventa sempre più irascibile.

La notte ritrova il suo silenzio, scalfito all'improvviso da alcuni passi solitari che si posano decisi sulla strada vuota e tranquilla.

L'ho accompagnata alla pensione senza sfiorarla, le ho stampato un casto bacio sulla fronte e me ne sono tornato in albergo alla chetichella, tormentato da questa passione inappa-

gata. Mi sono ficcato sotto le coperte, ero nervoso, impossibile dormire; con un calcio ho gettato via le coperte, mi sono infilato i vestiti e mi sono fiondato giù per le scale. Una manciata di stelle mi ha guardato dal cielo e ha accompagnato i miei passi, che si sentivano echeggiare sull'asfalto. Ho proseguito nel buio, a passi veloci, riconoscendo la strada per istinto. Ora sono qui davanti alla pensione Bonacini, a pochi metri da lei, ho l'aspetto di un brutto anatroccolo con le piume arruffate ma la colpa è del vento. Sopra il muro di cinta la finestra di Lidia è riparata da una persiana bianca. Senza stare troppo a riflettere raccolgo un sassolino da terra e lo lancio contro quella persiana, ma non succede nulla. Ne lancio un secondo e ancora non succede niente. Impaziente mi arrampico sul muro di cinta, mi aggrappo all'umida ringhiera del terrazzo, e, mentre mi isso sul balcone, poco ci manca che mi ammazzo. Le persiane sono soltanto accostate, l'anta di una finestra è addirittura spalancata, forse lei mi sta aspettando.

Lidia ha il sonno leggero. Uno scricchiolio di scarpe irregolare, un colpetto alla finestra, una voce trattenuta, come di qualcuno che sta parlando in un imbuto.

– Lidia, sono io, fammi entrare…

Con un sobbalzo salta giù dal letto, ma lui la precede e si trova già nella stanza.

Mi intrufolo come un ladro in camera da letto, lei è lì, a piedi scalzi, la camicetta da notte morbida e leggera… L'accarezzo con mano distratta, le sue braccia sono scoperte, i capelli sciolti, il collo circondato da una catenella d'oro emana un profumo di limoni. L'attraggo dolcemente a me, lei si abbandona in avanti sulla mia spalla, poi mi guarda e, mentre decifra i miei lineamenti, muove impercettibilmente le labbra e si lascia baciare. Le dico di volerle bene, di essere pronto a darle fiducia, tenerezza, piacere e ammirazione. Lei mi guarda piena di gratitudine e mi sussurra all'orecchio: «Sarà un amore grande, creativo e pieno di gemme». Mi lascio avvincere dalla morbidezza e dal tepore del suo giovane corpo e la stringo con passione. Lei dà ascolto al mio amore e lo accoglie senza sensi di colpa.

Fuori avanza la notte che ci copre come un piumino, ma ancora prima che le fessure delle persiane comincino a impallidire, già penso a come organizzare la fuga. Sveglierò il cocchiere, gli dirò di portarci in stazione e prenderemo un treno per Roma.

Rimaniamo in silenzio, abbracciati. Vorremmo aspettare così il sorgere del sole, ma sappiamo di non poterlo fare.

Roma, 11 novembre 1889

Da quella notte inesorabilmente niente è più come prima. La pace è turbata, l'equilibrio è sfuggente, ambiguo come l'acqua quando si increspa e spuma. Nell'alba apparentemente tranquilla di quel giorno nuovo qualcosa è dunque cambiato. Se ne accorge anche la domestica quando il signor Bonacini le pone una mano sul braccio.

– La tua padrona mi ha incaricato di consegnarti questa busta. Contiene il denaro che ti consentirà di far ritorno in patria.

Si sforza di rendere la sua voce il più ferma possibile ed evita di dirle che è stato Stauffer a consegnargliela.

La ragazza, convinta di averlo frainteso, lo guarda sbalordita.

– Ma come? Sono al servizio della signora Welti, perché dovrei tornare in Svizzera?

– Perché la sua padrona se n'è andata!

– Dev'esserci un malinteso. Tornerà sicuramente in albergo.

Si passa la lingua sulle labbra e scuotendo la testa si dirige a piedi scalzi nella camera della signora. La luce del mattino invade la stanza arredata con eleganza, ma la signora Welti non c'è. Tracce di scarpe bagnate sul pavimento, una valigia dimenticata in un angolo, lenzuola aggrovigliate sul letto, la luce della lampada a petrolio ancora accesa che aumenta l'impressione di disordine.

La ragazza, incredula, torna dal signor Bonacini.

– Ha ragione, non c'è! E che disordine ha lasciato in quella stanza, lei, di solito così meticolosa. Mi dica la verità, cos'è successo?

Il signor Bonacini fa spallucce.

– Se lo sapessi… – mente – so soltanto che lei deve tornare a casa, in Svizzera.

– Sta scherzando, spero…

– Sono estremamente serio, invece.

La ragazza gira la testa dall'altra parte, quasi volesse contemplare i corvi che si lisciano le piume nel viale. Bonacini, premuroso, le mette una mano sulla spalla e nota che ha gli occhi pieni di lacrime. Per un attimo stringe tra le sue braccia il corpo sottile della giovane domestica, senza tuttavia riuscire a interrompere il suo pianto.

Carlo e Lidia arrivano a Roma verso mezzogiorno. I loro sorrisi, i loro occhi, ogni loro gesto esprime felicità. Si sentono come avessero scalato una montagna, pur sapendo di trovarsi in prossimità di un precipizio, senza il quale, all'altezza che hanno voluto raggiungere, non ci sarebbe lo stesso brivido. Nel loro caso, un brivido d'amore.

Si rifugiano in un albergo che si trova dietro a un vicoletto scuro, in faccia all'atelier di Stauffer. Quando raggiungono la stanza, Lidia si rende conto di aver dimenticato il suo bagaglio a Firenze.

Nel pomeriggio Carlo si reca nel suo studio e lavora con grande concentrazione. Ha da poco portato a termine la sua prima statua in bronzo di dimensioni reali: un giovinetto nudo, in piedi, in posizione rilassata e con le mani leggermente allargate, nel tipico atteggiamento di preghiera dei greci. Immagina la statua immersa nell'idilliaco parco del tempio, una figura romantica vista di spalle. Ora gli piacerebbe scolpire una figura femminile, ma vi rinuncia perché nella cattolica Italia è difficile trovare delle modelle disposte a posare nude. Decide quindi di scolpire un lanciatore di giavellotto modellato in creta. Entrambe le statue, quella del giovinetto in atteggiamento di preghiera e quella a cui sta lavorando, sono concepite per appartenere al grandioso complesso artistico del grande tempio che ha in mente di realizzare.

Assorbito dal mio lavoro, mi illudo che il tempo trattenga il suo respiro e si arresti, invece le lancette dell'orologio continuano a girare, la notte scende come tutte le sere e puntualmente si fa buio. Attraverso di corsa la strada e raggiungo Lidia in albergo; dalla porta aperta proviene una voce che non mi è nuova, è quella di un uomo di mezza età con la testa lunga e stretta come una compressa, che siede al nostro tavolo ed esamina mia moglie, seduta accanto a lui su uno sgabello; le tasta il polso e il collo e controlla lo stato della sua lingua, quasi fosse una cavalla. Quando gira la testa dalla mia parte riconosco il dottor Neuhaus e mi domando sorpreso come ho fatto a non riconoscerlo, con quella sua tipica voce di fegato di merluzzo.

– Come si permette di intrufolarsi nella nostra stanza e nella nostra vita privata? L'ha forse chiamata qualcuno? Non abbiamo bisogno di medici qui, mia moglie sta perfettamente bene, la invito ad andarsene al più presto...! – urlo furioso. Anziché rispondermi a tono, il medico mi annuncia con una calma snervante che il signor Bavier, capo della legazione svizzera a Roma, gli ha dato l'incarico di verificare se lo stato di salute della signora Welti, data la sua attuale situazione sentimentale, sia tale da far temere per il suo equilibrio nervoso. La mia collera cresce, prendo carta e penna e d'impulso scrivo a quel coglione di Bavier di lasciarci in pace, ordinandogli imperiosamente di occuparsi degli affari suoi. Poi lo avverto che se continuerà a importunarci finirà per fare la fine degli zar, a cui i nichilisti hanno tagliato la gola. Lidia mi rimprovera di essere troppo duro, ribadisco che è ciò che si merita un simile coglione, e la esorto a firmare la lettera con il suo nuovo cognome: il mio!

Bienne, 12 novembre 1889

Alle dieci di mattina Luisa Stauffer, madre di Carlo, sta sistemando un paio di pantaloni del figlio Edoardo. Ha solamente un'ora di tempo, ma sa cucire in fretta. Un rumore di passi la distrae. Esclude che siano quelli del figlio, che a quest'ora dovrebbe trovarsi ancora in ufficio. Invece è proprio lui. Dal vano della porta si affaccia la sua testa ricciuta.

– Come mai già di ritorno? – lo interroga la madre.

Edo si toglie il cappotto e getta una busta sul tavolo.

– Leggi il telegramma e capirai.

– È di Carlo?

Edoardo annuisce, la madre intuisce che c'è qualcosa che non va e smette di cucire.

Carlo è il primo dei suoi cinque figli, quello che le ha dato le maggiori preoccupazioni ma anche le gioie più intense. Imprevedibile e precipitoso, ha sempre faticato ad attenersi alle regole e a porsi dei limiti. A scuola era turbolento e ribelle, ma aveva un dono: sapeva disegnare meravigliosamente bene. Schizzava uccelli, fiori, persone, e il maestro, con stupita ammirazione, osservava i suoi bellissimi disegni che lui stracciava d'impulso, perché non gli parevano mai abbastanza belli. Sin dalla sua prima infanzia la madre si era resa conto della sua straordinaria sensibilità pittorica, e aveva saputo guidare il suo talento, permettendogli di svilupparlo. È stato anche merito suo se, a soli ventitré anni, Carlo ha raggiunto un inatteso e clamoroso successo.

Ora però l'intuito materno le dice che qualcosa non va per il verso giusto; il telegramma trema nelle sue mani gelate.

Fuggito con Lidia. Divorzio. Matrimonio.
Consulente legale. Attendere lettera.
Carlo, Lidia.

Chiazze rossastre le si diffondono sul collo sino in fondo alla sua modesta scollatura.

– È impazzito? Soltanto un incosciente può commettere una simile stoltezza! Cosa gli è saltato in mente? Non ha valutato le gravi conseguenze del suo gesto?

Ha la gola e il palato secchi.

– Portami un bicchiere d'acqua!

Edo glielo porge, lei beve e intanto riflette ad alta voce.

– Dobbiamo tamponare lo scandalo e far ragionare tuo fratello. Deve fare marcia indietro, finché è in tempo. Divorzio e matrimonio sono esclusi. Ci affiancheremo a Emilio, il marito tradito, e a suo padre, il Consigliere federale Emil Welti, che sa come ci si deve comportare in simili situazioni.

Tamburella con l'unghia sul bicchiere vuoto e aggiunge:

– Devi partire oggi stesso per Berna e dire al Consigliere federale che siamo pronti a sostenerlo e a collaborare con lui. Sei un avvocato e sai come devi esprimerti in presenza di un'autorità federale!

Edoardo, convinto di agire per il bene di suo fratello, non oppone resistenza e un'ora più tardi è sul treno diretto a Berna.

Una sensazione di vertigine induce Luisa ad aprire la finestra. Ha bisogno d'aria, le parole di Carlo la opprimono. Fuori piove, i fili della pioggia la rendono malinconica. Pensa a suo marito Hans, deceduto quattro anni prima in una clinica psichiatrica, e il senso crudele della perdita si rifà vivo. Sono trascorsi quattro anni dalla sua morte e da allora lei ha saputo sopportare con coraggio i sentimenti di disperazione e di malinconia provati dentro di sé. Non si è rifugiata in un dolore solitario ed egocentrico ed è riuscita a trasmettere ai figli energia e allegria, rendendoli più forti. Ora però, di fronte al comportamento irresponsabile di Carlo, forse per la prima volta, si sente impreparata e sola. Rabbrividisce per il freddo e richiude la finestra. Il fuoco si sta spegnendo, la macchia rossa della fiamma si restringe e deve ravvivarla, prima che la brace ardente si copra di cenere. Armeggia con la legna e non appena il fuoco attecchisce, raggiunge la scrivania e scrive al figlio.

Caro Carlo,

per l'amor del cielo, hai forse perso la ragione e il senso dell'onore? Se ti illudi che tuo fratello Edoardo possa sostenerti nel tuo vile tradimento, scordatelo!

Per colpa del tuo comportamento immorale non oseremo più guardare in faccia nessuno: non avrò più neppure il coraggio di recarmi a Berna e, puoi credermi, la cosa è assai penosa. Non penso di essermi meritata, alla mia età, un castigo tanto grande.

Hai avuto la fortuna d'incontrare una persona nobilissima e di grande umanità, un amico che ti ha protetto e che ti ha procurato lavoro. Hai in larga misura approfittato della sua ospitalità e non hai saputo fare di meglio che sedurre sua moglie e fuggire con lei; questo è più di quanto un gentiluomo come Emilio possa sopportare. È questa dunque la ragione che ti ha spinto a rimanere così a lungo a Firenze? Volevi distruggere la felicità e la fortuna del tuo amico? Vergognati, non sei degno della sua amicizia!

E alla signora Welti, cos'è saltato in mente? Non ha pensato a suo marito, che proprio ora avrebbe tanto bisogno del suo sostegno? È forse convinta di fare un buono scambio con te, che sei così violento e instabile? È soltanto una questione di tempo, vedrai, poi se ne renderà conto e vorrà tornare indietro. Torni quindi subito dal signor Welti, gli chieda perdono per il suo comportamento superficiale e irresponsabile e assolva il suo dovere di moglie! Se non vi deciderete ad abbandonare la via del peccato che avete imboccato, allora ogni nostro rapporto sarà per sempre interrotto. Puoi ben immaginare cosa significhi per me scrivere simili parole. Sei il mio figlio maggiore, ti ho cresciuto con amore e fiducia e, se questo è il risultato della mia educazione, constato con amarezza di aver fallito. Nella mia vita ho dovuto affrontare momenti molto difficili, ma un simile colpo non mi era ancora mai capitato. Finora siamo state persone stimate e apprezzate, ma d'ora in poi non sarà più così. Ma a te questo cosa importa? Nella tua euforia calpesti ogni nobile sentimento.

Hai distolto la signora Welti dai suoi doveri, e ora è tuo compito e tuo dovere aiutarla a ritrovare la retta via, forse sei ancora in tempo a salvare qualcosa. Con il tuo comportamento hai gettato una grande ombra anche sulla tua vita, mi auguro che tu te ne renda conto.

Non voglio sprecare altre parole, tutti noi siamo indignati per il vostro agire e per la vostra mancanza di moralità. Posso soltanto dirvi una cosa: ripensateci, poiché con Dio non si scherza!

la tua mamma

Berna, 12 novembre 1889

Seduto dietro alla sua massiccia scrivania il Consigliere federale Welti ha appena letto il primo dei due telegrammi trovati sul tavolo quella mattina. È dell'amico Simon Bavier, ministro del Dipartimento federale degli affari esteri a Roma. Lo informa che sua nuora, la signora Lidia Welti, è fuggita quella mattina dalla pensione Bonacini di Firenze assieme al pittore Carlo Stauffer. I due si troverebbero in un albergo a Roma, in via Bagutta, proprio in faccia all'atelier dell'artista.

Il Consigliere federale si sfila la cravatta e si slaccia il colletto, poi si prende la testa fra le mani e si preme le dita sulle orbite. Rimane per un lungo istante in quella posizione, senza reagire.

Il secondo telegramma è del giovane avvocato Edo Stauffer ed è la conferma, ammesso ve ne fosse bisogno, che Carlo e Lidia sono diventati amanti. Lidia parlerebbe addirittura di un immediato divorzio. Nel telegramma l'avvocato Edo Stauffer si dichiara disposto a collaborare con la famiglia Welti per trovare una soluzione allo spiacevole episodio; raggiungerà già in serata il Palazzo federale per discutere con lui sul miglior modo di procedere.

– Cose dell'altro mondo... – sospira Welti incredulo.

Il pensiero della nuora non gli dà pace. L'ha sempre accolta come una figlia, nonostante i gravi dissidi avuti con il consuocero a seguito della crisi finanziaria della galleria del San Gottardo. Fin dall'inizio Lidia gli è stata simpatica: intelligente, colta e diretta, gli era parsa sincera e leale. Il suo comportamento irrispettoso lo lascia allibito: sua nuora ha largamente oltrepassato i confini di ciò che Dio permette e lui ora ha il dovere di agire: non gliela lascerà passare liscia a quei due!

Emilio, dopo essere stato informato del tradimento della moglie, è rientrato precipitosamente a Berna. Ora raggiunge lo studio del padre, senza annunciarsi, e spunta inaspettato nel vano della porta. Si toglie il cappotto e appoggia l'ombrello in un angolo.

– Accomodati! – esclama il padre, allungandogli una sedia.

– Hai ricevuto il telegramma?

Il padre annuisce.

– Mi sento umiliato, papà, terribilmente umiliato! Non riesco a credere che Lidia abbia potuto fare una cosa simile... per non parlare di lui, dopo tutti i favori che gli ho fatto!

Sul tavolino accanto alla poltrona c'è una pipa. Il Consigliere federale non l'accende quasi mai, ma è lì e ora gli è venuta voglia di fumarla. La batte contro un portacenere di porcellana, la riempie di tabacco e l'accende.

– Non riesco a immaginare che ciò sia potuto accadere – afferma il figlio, costernato.

– La realtà talvolta supera l'immaginazione! Ma un po' te la sei cercata: non si lascia, per giorni, la moglie sola in albergo, in compagnia di un amico che sai che ammira e con cui intrattiene da anni un fitto scambio epistolare.

Emilio si sente addosso lo sguardo severo del padre che lo colma di muti rimproveri e per un momento teme che egli sappia dei suoi ambigui desideri: fare l'amore con una donna per lui è niente più che un accordo, qualcosa che ha l'obbligo di portare a termine per accontentarla.

– Comunque per le chiacchiere e le supposizioni abbiamo tutto il tempo, – dichiara ancora il padre – ora occorre passare all'azione e mettere a tacere Carlo! Non vedo altra soluzione che quella di farlo rinchiudere in carcere.

– In carcere... e con quale accusa?

– Lascia fare a me, ho conoscenze che contano anche in Italia e me ne servirò per raggiungere il mio scopo. A ogni modo, prima di preparare un piano concreto di azione, occorre sapere come si sono svolti precisamente i fatti, e questo lo sapremo non appena avrai parlato con il proprietario della pensione. Ho già avvertito il signor Bonacini che saresti ripartito stasera, con l'ultimo treno; al tuo arrivo si farà trovare alla stazione e ti darà le informazioni necessarie.

Il figlio ha la sensazione che il padre possieda il potere di cancellare l'ombra della sofferenza dalla sua vita e si sente rassicurato.

– Il tuo treno parte tra due ore. Mi raccomando, cerca di non perderlo! Ora però lasciami lavorare...

Emilio si rimette il cappotto e riprende l'ombrello. Non piove più: lo scroscio di pioggia si è volatilizzato, come fosse venuta solo per purificare l'ambiente.

Il Consigliere federale si lascia desolatamente ricadere sulla poltrona, dalla sua bocca escono spire di fumo che volano in alto, verso la finestra, impastando i colori come una nebbia. Prima di comporre il numero del ministro svizzero a Roma svuota la pipa ed emette un profondo sospiro. Il ministro Simon Bavier ha conosciuto Lidia ed Emilio durante il loro viaggio di nozze, e secondo Welti è la persona più adatta a risolvere la delicata questione.

Roma, 13 novembre 1889

Hanno appena fatto l'amore, lui la bacia e la stringe di nuovo, lei adesso vuole solo dormire. Il suo viso disteso, colpito dalla luce dell'alba, si illumina, ammorbidito da un sensuale senso di pace. Lui vorrebbe rimanere ancora un po' sdraiato accanto a lei, ma non può restare più a lungo prigioniero tra le coperte, lo assalirebbe un senso di ansia che non sopporterebbe. La bacia su una guancia e le sussurra:

– Tornerò più tardi per fare colazione con te!

Un cielo di porpora si rispecchia nelle finestre dell'albergo, come se qualcuno lo avesse appena strofinato con un fiammifero. Carlo pensa che la luce potrebbe disturbare il sonno di Lidia e prima di uscire dalla stanza, con premura, tira le tende. Lungo la strada che lo porta all'atelier, accompagnato ancora dal profumo del corpo di lei, si sente appagato, in pace con se stesso e con il mondo.

Nella camera d'albergo qualche raggio di sole riesce a passare attraverso le tende, diffondendo sulle pareti un intenso alone di luce. Lidia gira per la stanza aggiustandosi la gonna e toccandosi distrattamente i capelli in disordine. Vorrebbe cambiarsi gli abiti e farsi la toilette, ma la valigia che ha dimenticato a Firenze non è ancora arrivata.

Poi qualcuno bussa alla porta. Potrebbe trattarsi del cameriere che arriva con la colazione oppure del facchino che le consegna l'agognata valigia. Lidia apre la porta con cautela in modo da creare solo una sottile fessura. Due occhi la spiano con curiosità.

– È permesso?

Non è il cameriere e neppure il facchino; è di nuovo lui, quello con la voce di fegato di merluzzo. Lidia si chiede angosciata perché sia tornato a importunarla; quello preme la maniglia e spinge prepotentemente la porta, prima che lei riesca a rispondergli.

– Devo darle una brutta notizia, signora! – le dice accalorato, come se non riuscisse a contenersi, e intanto si leva la giacca e si dirige verso la finestra.

– Posso fumare?

– Se proprio non può farne a meno.

Apre la finestra, si siede sul davanzale e si accende una sigaretta.

– Mezz'ora fa due poliziotti hanno accompagnato il suo amante in questura.

Lidia non si lascia turbare.

– Sono tranquilla, non c'è niente di cui possano accusarlo, lo lasceranno andare presto.

– Non ne sarei poi così sicuro.

– Vorrà dire che mi recherò a mia volta in questura. Ho il diritto di sapere cosa gli sta succedendo.

Il medico obietta che non la farebbero entrare, che riderebbero soltanto di lei. Lidia risponde che in questo caso rimarrà in albergo ad aspettare il susseguirsi degli eventi, e intanto giocherella nervosamente con le sfere d'ambra della sua collana dorata.

– Non credo si addica a una signora del suo rango aspettare da sola in una camera d'albergo; le propongo piuttosto di venire a casa mia, mia moglie sarà lieta di riceverla e di occuparsi di lei.

Lidia afferma di non poter accettare la sua proposta. Lui si innervosisce e posa energicamente una mano su quella di lei.

– Per l'amor del cielo, stia ferma con quelle dita!

Lidia fa scivolare la collana sopra la testa e le sfere d'ambra spariscono dentro la tasca del suo vestito.

– Immagino che la sua signora abbia di meglio da fare che occuparsi di me tutta la giornata – risponde decisa, ed esprime il desiderio di ritirarsi per qualche giorno in un convento.

Quella sera stessa la vettura del dottor Neuhaus raggiunge il cortile del convento delle Monache in via Sistina a Roma, dove li attende la madre superiora, che accoglie Lidia con ostentata freddezza e le assegna una camera stretta e scura, con una sola finestrella. Una stanza desolata come il nido di un uccello che non tornerà.

Roma, 14 novembre 1889

Simile a un cappello abbandonato su uno scoglio, a ridosso di un colle c'è una fortezza; all'interno una prigione, in cui sono rinchiusi i criminali più pericolosi del paese. Le mura sono da secoli percosse dalle grida addolorate dei prigionieri.

È la seconda notte che trascorro in carcere, senza udienza e senza processo, e questo in un paese che si ritiene democratico. Vivo in condizioni fisiche e psichiche disperate, non resisterò a lungo qui dentro. Mi rivolgo a voi, cari parenti, amici, conoscenti e vi chiedo impellentemente d'intraprendere qualcosa per farmi uscire da quest'inferno! Se io e Lidia siamo invischiati in una storia le cui conseguenze stanno per avere risvolti smisurati e assurdi, la colpa è del Consigliere federale Welti che, abusando del suo potere e delle sue numerose conoscenze, è riuscito a sbattermi in questo abominevole buco. So per certo che non esiste una legge del codice civile, né svizzero né italiano, che possa legittimare la mia condanna, eppure lui è riuscito a farmi arrestare. È scandaloso, sono offeso e moralmente sconvolto.

Sdraiato di traverso su una branda, Carlo batte con forza il guanciale, che assume le sembianze del Consigliere federale; le pieghe profonde della sua carne emergono dall'oscurità, come una scultura affondata, riemersa in superficie. Un ricordo lo distoglie dalle sue fantasticherie e lo riporta ai giorni lontani del loro primo incontro. Lui ed Emilio Welti, compagni di banco durante l'ora della prova di matematica. Carlo risolve in fretta e con disinvoltura i problemi di algebra, Emilio è in difficoltà davanti a un foglio ancora bianco. Carlo in uno slancio di generosità gli passa la soluzione, Emilio, impacciato, si mette a ridere nervosamente attirando su di sé l'attenzione del professore che scopre l'inganno e gli fa consegnare il bigino. Incapace di inventarsi una scusa plausibile, Emilio spiffera il nome di Carlo davanti a tutti, facendogli prendere un ingombrante castigo. La fatidica vendetta di Stauffer non si fa attendere! Consapevole di avere dalla sua parte l'intera classe, non ci mette molto a convincere i compagni a non rivolgergli più la parola. Emilio corre ai ripari e si rifugia dietro al padre, che prontamente interviene a proteggerlo. È in quell'occasione che nasce e si radica in Carlo una profonda antipatia verso il Consigliere federale. A scuola, e più tardi nella vita, Emilio gode di privilegi particolari grazie a suo padre; difficoltà e ingiustizie gli sono risparmiate, consentendogli di crescere indisturbato nella sua scatola ovattata, al riparo da responsabilità troppo importanti che non saprebbe assumere. Vive in un mondo giusto e facile, forse è per questo che i suoi modi sono cordiali e allegri. Carlo, invece, fin da bambino non sopporta la vita ordinata e composta, né l'osservanza rigorosa delle regole che non ammettono distrazioni. Dopo soli due mesi di scuola scrive ai genitori supplicandoli di fargli cambiare ginnasio.

L'unico mio desiderio per Natale è quello di poter andarmene al più presto da questa scuola, dove sono costretto a fare una vita da cane e dove mi obbligano a mangiare i crauti, che mi fanno venire da vomitare. Sono disposto a studiare e a impegnarmi, ve lo prometto, ma fuori da questo istituto.

I suoi genitori non cedono alle sue richieste e lui frequenta il ginnasio per altri due anni, finché il direttore lo espelle per motivi d'indisciplina, cosa che a Emilio non sarebbe mai successa.

All'interno della prigione l'aria densa di tanfo umano frena il respiro. Le coperte dei prigionieri puzzano di muffa, l'odore si confonde con quello dell'urina e degli escrementi.

Cara Lidia,

quanto mi piacerebbe poterti scrivere, ma non mi hanno dato neppure una matita e sono costretto a scriverti una lettera immaginaria.

Fa freddo, tremo; la testa, i piedi, le mani mi si ghiacciano. Vorrei essere libero e trovarmi all'aperto a respirare a pieni polmoni l'aria fredda piena di stelle, ma mi servirebbero un cappotto e dei guanti che non ho. Un portone massiccio mi separa dal resto del mondo, nessun calcio o spallata riuscirebbero a smuoverlo. Mi hanno privato della mia libertà, è un'infamia, una perfetta idiozia. Sono innocente! Mi viene un'improvvisa voglia di fumare una sigaretta, cerco il tabacco e con un gesto spazientito delle dita frugo nelle tasche dei miei pantaloni da carcerato, ma il tabacco non c'è. Mi hanno spogliato di tutto, non posseggo più nulla.

Non ci sono orologi qui dentro. Il buio quasi mi cancella, presumo sia notte fonda. Il nostro tempo personale si è frantumato, in ogni caso non ci appartiene più.

Una luce opaca mette in risalto delle ombre che si staccano dal muro e cominciano a muoversi piano. Sono quelle degli altri prigionieri, stipati senza riguardo in uno spazio troppo esiguo, che puzza di sudore. Il fioco bagliore del mattino si posa sulla polvere, sulle ragnatele e sulle macchie che imbrattano le pareti. Con il dito imbevuto di saliva, scarabocchio qualcosa nella semioscurità, non posso starmene senza fare niente. Adesso i miei compagni sono svegli e parlano tra di loro. Sono romani e si esprimono in romanesco. Mi trovo a Roma da quasi un anno; se ascolto con attenzione, riesco a capire il loro dialetto. Sono uomini pericolosi, con cui non ho nulla da spartire: hanno rubato, violentato, ucciso. Per l'ennesima volta mi chiedo chi e con quale diritto mi abbia rinchiuso in questo buco e ripenso con rabbia ai due poliziotti che mi hanno ingiustamente arrestato l'altro ieri, mentre stavo per raggiungere il mio atelier. Forti e stupidi come tori, questi imbecilli armati e in uniforme si sono sentiti potenti: si sono avventati su di me, mi hanno ammanettato e con la forza mi hanno costretto a seguirli. «Ordini superiori», hanno abbaiato. A nulla sono valse le mie proteste e le mie urla.

Vorrei continuare a parlati, Lidia, ma i pensieri non mi ubbidiscono più, sono improvvisamente stanco e il sonno, quando viene, è l'unico sollievo che mi è rimasto. Non so cosa ti hanno fatto, né dove ti trovi, ma ti auguro tutto il bene di cui sono capace.

Un abbraccio
Carlo

È mezzogiorno, i detenuti hanno fame. Un carceriere apre il portone e mette davanti a loro una grossa ciotola di zuppa. I prigionieri se ne stanno senza dir niente, frugano affamati nelle loro tazze e mangiano la disgustosa minestra di rapa, ma i loro stomaci reclamano altro cibo. Carlo è l'unico a non avere la pancia incavata, ha ancora delle riserve e il suo ventre è teso come un tamburo. Dopo aver ingoiato quella specie di brodaglia si addormenta, esausto. Le lunghe sofferenze si placano in un sogno.

Oltrepassa le sbarre della sua cella e va incontro alla notte, come a una festa: fluttua sopra la strada, piena delle persone della sera, e getta un'occhiata alla terrazza del ristorante dove avrebbe voluto pranzare con Lidia. Un lampione isolato all'angolo della strada getta un'aureola di luce su un tavolino e su uno sgabello, rimasti fuori per errore. Qualcuno pronuncia il suo nome: è lei, la sua voce è inconfondibile. Ha gli occhi lucidi sotto una frangia bassa e pesante e siede composta e immobile, come un idolo di pietra.

– È da due giorni che ti sto aspettando! – esclama in tono di rimprovero.

Lui l'abbraccia forte, ma lei non accoglie il suo abbraccio.

– Tuo suocero mi ha fatto rinchiudere nelle peggiori carceri papali senza la possibilità di un'udienza…

Vorrebbe prenderle la mano ma si accorge di non potersi muovere.

Comincia a nevicare. Piccoli fiocchi di neve si posano sui loro capelli, sulle loro spalle, sui loro vestiti e li rendono simili a due statue bianche, rigide e inermi. Ma sono vivi, non hanno perso la loro voce e neppure la capacità di provare delle emozioni.

Nella neve la voce di Carlo risuona sicura e forte.

– Da lungo tempo accarezzavo il sogno di creare un tempio e ora so che non sono solo carezze. Lo costruirò a Paestum, nella valle del Sele; sarà una costruzione in calcare, con dei rilievi in arenaria, e l'interno sarà diviso in navate da due file di colonne, ovunque ci saranno decorazioni scolpite. Sarà un capolavoro capace di sopravvivere nel tempo.

– Sì, e all'interno si staglierà, oscura contro il mare, la statua di una dea, che avrà dei diamanti negli occhi…

– E dietro alla dea verranno scolpite due figure rappresentanti il silenzio, avranno le dita davanti alla bocca e splenderanno nell'oscurità...

La gioia che provano risveglia i loro cuori e i loro corpi riacquistano la mobilità perduta. Le labbra di Carlo sono socchiuse e sorridono lievemente, come quelle dei bambini. Lidia allunga un braccio, prende la sua mano larga e ruvida fra le proprie e la porta alle labbra. Carlo è felice e sente che di notte, tra le sue braccia, si rinnoverà la sua forza di creare.

È tardi: le strade sono vuote, i fanali delle carrozze spenti, i bar e i locali notturni chiusi. La neve cessa e i fiocchi spariscono, portati via dal vento.

Al suo risveglio Stauffer è tutto sgomento e irrigidito dall'umidità. Non vuole credere di trovarsi ancora in prigione!

Bienne, 14 novembre 1889

È domenica, una nebbia fitta fascia la città. È più fitta del giorno prima ed è giallastra, come se il cielo fosse ammalato. La signora Luisa Stauffer e le sue figlie si trovano in chiesa, dove sta per iniziare la messa domenicale. A casa è rimasta soltanto Ada, la figlia minore, che sta lottando contro una tenace influenza. Tocca a lei oggi riordinare la cucina. Sparecchia in fretta, perché c'è qualcosa che deve assolutamente fare prima del ritorno della madre e delle sorelle. Di malavoglia mette le stoviglie nel lavandino, le copre di sapone e apre il rubinetto. Si dirige quindi allo scrittoio della mamma, con i suoi ripiani popolati da parenti deceduti sotto vetro, e ben visibile, al centro della consolle, la busta che da qualche ora ha risvegliato il suo interesse. Non è ancora sigillata ed è indirizzata al Consigliere federale Welti. Ada se ne impossessa e si sdraia sul divano, avvolta in una coperta di lana. Toglie i fogli che si trovano all'interno della busta e tiene il braccio proteso, come se la distanza potesse attenuare la colpa di leggere qualcosa non destinato a lei.

Mio caro fratello,

certamente pure tu ti stupirai delle nostre lettere. In verità, l'unica cosa che dovrebbe sorprendere è che una situazione così anomala come quella venutasi a creare dopo la mia prima visita al Belvoir si sia protratta per tutto questo tempo. Sono convinto che l'agitazione e l'insonnia di Lidia siano dovute in parte all'insoddisfazione per una passione che non ha potuto essere vissuta, in parte perché si è ormai resa conto di essersi legata a un uomo, suo marito, che spiritualmente non è alla sua altezza.

Lidia e io non abbiamo in alcun modo pianificato la nostra relazione, nata semplicemente perché così doveva essere. Per quattro lunghi anni abbiamo rigorosamente represso e nascosto i nostri desideri e i nostri sentimenti, ma ora nessun ostacolo potrà mai fermarli, né pianti né minacce di suicidio influenzeranno il nostro agire, che riteniamo giusto e naturale.

È da poche settimane che in paese è arrivata l'acqua corrente in casa e Ada non ci ha ancora fatto l'abitudine, così, immersa nella lettura, dimentica di chiudere il rubinetto e l'acqua nel lavello non tarda a straripare. Quando se ne accorge per terra si è già formata una piccola pozza. Mentre strizza lo straccio si ricorda che Carlo avrebbe voluto che fossero inviate a Roma soltanto le lettere che potevano servire alla pratica del divorzio, le altre sarebbero dovute restare nelle mani dei loro destinatari. Perché allora la madre le spediva tutte, indistintamente, al Consigliere federale? Come poteva fidarsi ciecamente di quell'uomo soltanto perché era importante e occupava una carica prestigiosa?

Un'ansia spiacevole le accelera il respiro. Lei e le sorelle sono al corrente della relazione di Carlo e Lidia, ma il diritto di leggere la loro corrispondenza spetta unicamente a Edo, che dopo la partenza del fratello maggiore ha il compito di stare vicino alla madre nelle incombenze pratiche e burocratiche.

È quasi mezzogiorno, la messa sta per finire, Ada mette via il secchio e prende la seconda lettera.

Sono costretto a impegnare o vendere un diamante dal valore di quattro o cinquecento franchi perché i nostri bagagli, nei quali si trovano i gioielli di Lidia e le istruzioni per una banca di qui, non sono ancora arrivati.

La questione del denaro diventa sempre più urgente: la domanda di divorzio dev'essere inoltrata senza indugio poiché occorre sfruttare il periodo di crisi economica per investire con il massimo vantaggio. Ti prego inoltre di inviarmi con la massima cautela, ma immediatamente, mille franchi dal mio deposito; sì, perché (maledizione!) Lidia ha con sé soltanto una camicia e ho speso i cinquecento franchi che avevo in tasca per corrompere tutti quanti, dal primo all'ultimo. È indubbiamente più facile immaginare un rapimento in un romanzo che non realizzarlo. Faranno tutto il possibile per dichiarare pazza Lidia; ma a noi non importa proprio un bel niente, possiamo affrontare tutta la banda, sia per intelligenza sia per abilità, e per raggiungere il nostro obiettivo, ci serviremo di qualsiasi mezzo, se sarà necessario. Ti chiedo d'inviarmi i mille franchi alla cifra b.A.c. 1234 a Roma, fermo posta. A voi spetta il doppio della provvigione se l'affare si concluderà entro un certo lasso di tempo e a un prezzo che sia equivalente al valore dei terreni e degli edifici.

Lidia è l'unica donna con cui abbia un'intesa profonda e non ci lasceremo, qualsiasi cosa accada. Lei redigerà e pubblicherà nel più breve tempo possibile le lettere in cui ho espresso i miei pensieri e le mie convinzioni: «Lettere a una donna, di Karl Stauffer, 1885-1889».

Con una grafia sconnessa vi è stato aggiunto quanto segue:

Stimato cognato e assistente legale, se ve ne fosse la necessità, non esiti a pubblicare la nostra vicenda sui giornali.

Lidia Stauffer

La ragazza piega scrupolosamente le due lettere e le ripone nella busta, poi legge l'ultima, indirizzata alla madre.

Cara mamma,

per favore non lasciarti turbare troppo da quanto sta accadendo. La giustizia e l'amore stanno dalla nostra parte, e la cosa è tanto semplice quanto fare una torta. Per qualcuno che non lo comprende un diamante è come vetro, se così non fosse si prenderebbe molta più cura del diamante e Lidia è una simile gemma! Sono quattro anni che soffro e lotto per averla! Non abbiamo assolutamente scrupoli di coscienza e siamo felici di proporre qualcosa di importante al mondo intero. Della nostra serietà e della nostra sofferenza la gente non deve sapere nulla. A orientare l'opinione pubblica su quanto è successo ci penserà Lidia, rendendo pubbliche le mie lettere, scritte tra il 1885 e il 1889.

Io e mia moglie provvederemo a te come meriti, in modo che non dovrai continuare a rammendare calze, ma potrai dedicarti alle tue passioni all'ombra di aranci, limoni e allori. A Firenze, in un fantastico villino, dove potrai fare ciò che ti fa piacere. Non avere dubbi sulla giustezza di queste cose perché, ciò che Dio unisce, gli uomini non possono separarlo e nessuna violenza terrestre potrà mai strapparmi mia moglie. Tu mi conosci e sai cosa sono capace di fare con la volontà, quindi queste righe dovrebbero tranquillizzarti: sono quello che ero e tale resterò per sempre. Nessun diavolo potrà danneggiarmi e non potrà danneggiare neppure la mia Lidia.

Come già le precedenti lettere pure questa è firmata da Lidia.

15-16 novembre 1889 – In viaggio da Berna a Roma

Montagne cinte di nebbia, alberi bagnati, il primo chiarore del mattino che irrompe all'interno del treno. Edo, seduto in uno degli ultimi vagoni, è l'unico viaggiatore di quello scompartimento; darebbe qualunque cosa pur di riuscire ad addormentarsi, ma neanche lo sferragliare smorzato del treno gli è d'aiuto. L'assillante preoccupazione per suo fratello non lo abbandona un attimo. Sa che Carlo è più impulsivo e instabile di lui, riconosce però che possiede qualcosa di grande che in un certo senso lo sottrae alle leggi umane, regalandogli quel tipo di libertà che è propria soltanto degli artisti. Qui però si tratta di una questione morale che tocca tutti, artisti compresi.

Il contenuto delle sue ultime lettere, indirizzate rispettivamente a lui e alla madre, è allarmante e gli fa temere che egli abbia perso il senso della realtà e della misura. Carlo si comporta come se Lidia fosse già sua moglie e si vede autorizzato a disporre del suo ingente patrimonio, l'equivalente di circa tre milioni di franchi, come se il divorzio fosse già avvenuto. Accarezza progetti grandiosi e megalomani, e intende affidare a lui, che in quanto avvocato è più competente in questo campo, la gestione del suo nuovo patrimonio. Gli chiede di riscrivere il testamento di Lidia a proprio favore e gli dà la procura per consentirgli di gestire autonomamente i suoi affari. Edo non capisce cosa Carlo abbia in testa e nel cuore ed è molto preoccupato per lui. Non riesce a togliersi dalla mente quella lettera, di cui ricorda l'essenziale.

Il Belvoir verrà parcellato e venduto, come pure il fondo nella via Bleicherweg a Zurigo. Ritengo importante sapersi staccare dalle tradizioni e dai sentimentalismi: io e Lidia vogliamo costruire il nostro futuro in Italia, dove abbiamo l'intenzione di occuparci di agricoltura, in particolare di vini, di olio e di alcuni generi alimentari. Compreremo dei terreni, li faremo fruttare e investiremo in Italia l'intero nostro patrimonio. Le nostre sorelle, intendo le mie e le tue, potranno occuparsi di questi terreni: sono persone energiche e hanno le qualità necessarie per affrontare una nuova sfida. In questa azienda io sarò la persona di riferimento e Lidia la mia segretaria principale. Tu e il tuo collega, l'avvocato Ryf, sarete i responsabili per le questioni riguardanti la Svizzera, mentre per gli affari italiani mi rivolgerò a due agenzie italiane che recluterò presso i miei amici romani. Naturalmente ho pensato anche alla mamma; intendo comperarle un bel villino a Firenze, che diventerà la sua residenza invernale, ma se lo desidera potrà abitarvi tutto l'anno. Ada, la nostra sorella minore, le farà compagnia e la mamma avrà finalmente la vita che si merita: una vita tranquilla, che le permetterà di dedicarsi a ciò che le piace. Non dovrà più rammendare e pulire, ma potrà trascorrere il tempo che le rimane da vivere magari iniziando a scrivere le proprie memorie. Organizzerò per lei il personale che le occorre: cuoco, giardiniere e domestici saranno a sua completa disposizione. Amelie riceverà da me e da mia moglie 1500 fr al mese, di cui potrà disporre come meglio crede. Alle altre due sorelle andranno le rendite dei terreni, almeno all'inizio.

Prima di concludere questa lettera voglio farti una raccomandazione: cerca di sposare una ragazza colta e per bene, come ho fatto io, con cui dividere interessi, gioie e dolori e non un'oca qualsiasi, perché se dovessi rovinarmi la stirpe, il tuo ufficio legale non sarebbe più degno della nostra futura ditta Stauffer-Escher e Co.

Per quanto concerne la nostra vita sentimentale, manteniamo la riservatezza, perché essa riguarda soltanto noi.

Come potrai constatare io e Lidia non abbiamo perso la ragione: le nostre idee e i nostri progetti sono chiari e noi sappiamo perfettamente ciò che vogliamo.

Questa lettera è firmata anche da mia moglie e ciò dimostra che essa è d'accordo con tutto quanto ti ho riferito.

Prima di intraprendere il viaggio per Roma, sperando di farlo ragionare e di riportarlo alla realtà, Edo ha scritto al fratello.

Signor fratello,

mi auguro che tu abbia già letto la lettera che la mamma ti ha spedito ieri. Se non l'hai ancora fatto, fallo! Ora illustro a te e alla tua Lidia la situazione dal punto di vista legale: tu sei fuggito con la moglie del tuo amico mentre lui era assente e ora vivi con lei; quindi sei un adultero e la tua Lidia è un'adultera. Questi termini sono contemplati dal codice penale di tutti gli stati europei, che condannano all'unanimità l'infedeltà coniugale. Quindi tu e la signora Welti siete punibili dalla legge. Ora ti spiego la questione sul piano del diritto civile, nel quale rientra anche il divorzio da te sollecitato. Ha il diritto di chiedere il divorzio:

1. colui che dichiara di non poter vivere con la propria moglie, premesso che essa acconsenta al divorzio. La medesima cosa vale, al contrario, per la donna. Ciò è quanto prevede la legge del 25 maggio 1875. Nel tuo caso non è possibile appellarsi a questo paragrafo in quanto il dott. Emilio Welti non concederà mai il divorzio alla moglie. Perciò chiedere il divorzio basandosi su questo articolo non porterebbe a nulla.

2. la parte offesa può chiedere il divorzio: in questo caso si tratta del dott. Emilio Welti e non della signora Welti.

In parole povere, la signora Welti non può divorziare se il marito non acconsente.

La seconda parte della mia riflessione giuridica riguarda il patrimonio della signora Welti. Anche su questo punto ti sbagli. In effetti, fintanto che dura il matrimonio dei coniugi Welti-Escher, nella più fortunata delle ipotesi fa testo il codice del canton Zurigo, in base al quale la moglie non può disporre dei propri beni senza il consenso del marito. In altre parole la signora Lidia non può assolutamente decidere alcunché riguardo al proprio patrimonio e quindi tanto meno tu puoi vantare diritti su di esso. Se poi dovesse far testo la legge del canton Argovia, dove i coniugi Welti hanno la loro attinenza, il patrimonio della signora Welti sarebbe addirittura proprietà del marito.

Queste osservazioni vi appariranno sgradevoli, ma sono del tutto fondate e forse serviranno a rinfrescarti il cervello, che mi sembra piuttosto bruciato dallo scirocco.

Alla luce delle mie delucidazioni, ti renderai conto che l'ufficio legale Stauffer e Ryf non può, in coscienza, assumere l'incarico di difendere una causa persa, i cui presupposti sono giuridicamente sbagliati. Questo è il punto di vista dell'avvocato.

Le mie riflessioni da fratello invece sono le seguenti. Tutti dubitano della tua salute mentale e questi dubbi sembrano giustificati. Come si spiegherebbe, altrimenti, che un uomo onesto, quale tu pretendi di essere, scappi con la moglie dell'amico durante la sua assenza? Puoi leggere il giudizio in merito al tuo comportamento nella lettera della mamma, non intendo ripetertelo, ma esso si riassume in parole come queste: cattiveria, perfidia, tradimento! E questo giudizio riguarda anche la signora Welti, che non mi pare sia migliore di te.

Non me la racconti giusta, con tutte quelle smancerie sulla natura. Sono soltanto chiacchiere senza senso, che un avvocato potrebbe magari difendere, ma non un fratello.

Dopo aver letto la tua prima lettera avevo dei dubbi; quando però ho letto la seconda, i dubbi, invece di dissiparsi, sono aumentati. Credi davvero che la mamma e i tuoi fratelli possano assecondare te e la signora Welti in questo folle proposito? E se questo colpo, per delirio d'ipotesi, dovesse riuscirti, pensi veramente che saremmo disposti a dividere con te il frutto di un'azione tanto riprovevole?

Se la supposizione dei tuoi conoscenti e amici si rivelasse fondata, cioè che hai perso il lume della ragione, sarebbe inutile spendere altre parole. Se invece non fosse così, sarebbe ancora più insensato sprecare altra carta. Concludo invitandoti ancora una volta a seguire il consiglio della mamma. Fai leggere questa lettera anche alla signora Welti, magari essa potrà guarire a sua volta dagli effetti dello scirocco.

Purtroppo Carlo non ha mai ricevuto questa lettera, perché all'insaputa di Edo il 13 novembre si trovava già in prigione.

Durante il viaggio in treno il giovane avvocato non ha fatto altro che pensare a suo fratello.

Carlo non è mai stato un allievo brillante, eppure ha iniziato molto presto una prestigiosa carriera artistica. Dopo essere stato espulso dal ginnasio perché troppo indisciplinato, venne assunto come apprendista presso l'atelier di un certo professor Volmar, amico di famiglia e suo docente di disegno al ginnasio. Questi credeva nel suo talento e nelle sue mani Carlo divenne un allievo diligente e impegnato. Fece rapidi progressi, ma, dopo alcuni mesi, approfittando della libertà e della fiducia che gli erano state concesse, scoprì la vita notturna: alcol, giochi d'azzardo, donne, fumo, l'arte in tutte le sue forme... A partire da quel momento, anziché tornare a casa, preferiva trascorrere il fine settimana in città a divertirsi. Per finanziare i suoi divertimenti ha iniziato a indebitarsi e il suo rendimento sul lavoro ne ha risentito.

Una domenica, bighellonando per le vie di Berna, scoprì un minuscolo negozio di antiquariato, l'unico aperto in quel giorno festivo. Le luci soffuse, le pareti giallo-avorio e l'abbondanza di libri antichi accatastati un po' ovunque, davano a quel luogo l'aria solenne di un tempio. Il commesso, vedendolo ciondolare indeciso davanti alla vetrina, lo invitò a entrare e gli domandò se fosse appassionato di libri antichi. A Carlo non interessavano, ma gli vennero in mente i numerosi testi antichi impilati gli uni sugli altri nella biblioteca paterna, libri dimenticati, che da anni non toccava più nessuno. Se il commesso glieli avesse comperati, lui avrebbe appianato i suoi debiti e i suoi genitori non se ne sarebbero neppure accorti. Quando poi le sue tasche fossero tornate a riempirsi, li avrebbe riacquistati allo stesso prezzo, tutto sarebbe tornato alla normalità e lui avrebbe finalmente risolto il suo problema di liquidità. I due si misero d'accordo: di lì a qualche giorno nella casa dei signori Stauffer i libri antichi cominciarono a sparire e contemporaneamente i debiti di Carlo si riducevano. Ma, non disposto a rinunciare ai suoi svaghi, dopo pochi mesi fu costretto a indebitarsi di nuovo. Ora gli mancava il denaro per vestirsi decentemente, anche se i soldi per comperarsi il tabacco e le birre non gli mancavano mai. Il suo umore però assumeva i colori dell'autunno: era irritabile e svogliato e il suo comportamento incominciò a insospettire Volmar che, indagando sulle sue sregolatezze, scoprì i debiti e chiese urgentemente un colloquio con i suoi genitori.

Due mesi più tardi, per decisione della famiglia, Carlo venne spedito a Monaco, dove iniziò un duro apprendistato presso un decoratore, un certo signor Wentzel, che lo costringeva a lavorare fino a undici ore al giorno in condizioni precarie. Guadagnava pochissimo, ma imparò a maneggiare correttamente il pennello e a badare a se stesso: il suo carattere ne uscì più saldo. Dopo sei anni di intenso e duro lavoro si rese conto che il maestro pittore non aveva più nulla da insegnargli e decise di fare le valigie, ma non prima di avvertire i genitori, a cui scrisse:

Durante il mio apprendistato presso il signor Wentzel ho imparato a lavorare e a rafforzare la mia volontà e mi sono guadagnato il denaro necessario per mantenermi agli studi. Mi sono convinto che nell'arte la parola «impossibile» non esiste e non ho esitato a iscrivermi all'Accademia d'Arte di Berlino, dove mi sono proposto di vincere il primo premio. È fuori di qualsiasi discussione che rimanga nell'arte decorativa, per cui non vi scrivo per chiedervi il vostro permesso, ma unicamente per sapere se condividete o meno la mia decisione.

Arrivò a Berlino in pieno inverno. Le campagne e la città erano sepolte sotto coltri di neve bianca, alcune tubature erano scoppiate ed era persino difficile scaldare l'acqua per lavarsi. Camminava per le strade della città masticando un sigaro grande come una salsiccia e trascinando una piccola valigia, che teneva assicurata al polso per non farsela scippare. Il freddo della strada si arrampicava sulle sue gambe e si fermava nella pancia; si sarebbe gettato volentieri su una tazza di tè per riscaldarsi. A mezzogiorno riuscì finalmente a raggiungere la zona pedonale del centro città, dove in una locanda situata in una viuzza secondaria lo stava aspettando un uomo imponente, tutto impellicciato. Nel vedere il grosso sigaro e quella valigia così comicamente affrancata al polso, l'uomo scoppiò in una fragorosa risata.

– Eccolo che arriva il nostro giovanotto! – esultò, ordinando due coppe di champagne.

Aveva appena letto sul giornale che in patria il *Berner Blatt* aveva dedicato mezza pagina di critica a questo giovane pittore svizzero e pensava che questo dovesse fargli onore.

– Il tuo nome sta per essere conosciuto, e sei solo ai piedi della scala!

I due uomini sollevarono le coppe in un tacito brindisi e, dopo aver bevuto lo champagne, si sentirono più leggeri e più svegli. A Carlo l'alcol sciolse la lingua. Senza che nessuno glielo chiedesse, si mise a raccontare del suo duro apprendistato presso il pittore decoratore di Monaco e della ragione che lo aveva spinto a trasferirsi a Berlino, nonostante il parere contrario del padre.

– Voglio laurearmi all'Accademia d'Arte. L'anno prossimo intendo partecipare all'Esposizione Nazionale e vincere un premio – concluse.

L'uomo, colpito dalla determinazione e dall'orgoglio del ragazzo, gli chiese per cosa, secondo lui, valesse la pena di vivere. Carlo gli rispose che ogni uomo dovrebbe cercare di raggiungere il Bene, la Verità e la Bellezza, che sono i tre elementi che lo distinguono dall'animale! Poi gli parlò della sua ambizione personale, quella di riuscire a lasciare un segno ai posteri per essere ricordato dopo la sua morte. Ma per raggiungere questo obiettivo doveva avvicinarsi alle sfere più alte dell'Arte e ciò era possibile soltanto con un duro e costante lavoro.

– Naturalmente vorrei anche godermi la vita. Ma sono un artista e chi, meglio di un artista, è in grado di apprezzare la bellezza di questa Terra?

Impressionato dalla sua risposta, l'uomo dichiarò che sarebbe stato un onore per lui e per la sua famiglia ospitarlo a casa loro e che avrebbero provveduto a non fargli mancare niente.

– Ti metterò a disposizione un piccolo appartamento, sarai indipendente e tra qualche mese avrai addirittura la luce elettrica, così potrai lavorare indisturbato anche quando la luce naturale verrà a mancare.

Carlo lo ringraziò per la sua generosa ospitalità. Il suo orgoglio e la sua voglia d'indipendenza, però, non gli consentirono di approfittare a lungo della sua gentile accoglienza, e di lì a qualche mese affittò a proprie spese un altro atelier. Era la prima volta che riusciva a rendersi indipendente grazie alla pittura: lavorava, studiava e al contempo partecipava alla vita pubblica, coltivando importanti relazioni sociali. Finché un giorno un professore dell'Accademia di pittura scoprì il suo talento e gli aprì tutte le porte, introducendolo nell'alta società di Berlino.

In quegli anni Berlino era una città ricca e dinamica, che beneficiava di un notevole sviluppo politico, industriale e finanziario: vi si costruivano scuole, ospedali, tribunali e persino una centrale elettrica. Le persone benestanti però rappresentavano una minoranza ed erano in molti a dover lottare per il pane quotidiano. Carlo aveva la fortuna di non appartenere a questi ultimi. Nel 1880, come previsto, si laureò all'Accademia d'Arte di Berlino e un anno più tardi fu addirittura accolto nel cortile reale, dove ricevette l'incarico di ritrarre la futura regina. Nel medesimo anno Berlino aprì i suoi battenti all'Esposizione Nazionale d'Arte e Stauffer, incoraggiato dai suoi successi personali, vi espose i suoi ritratti, vincendo, con una scultura di Max Kling, una piccola medaglia d'oro. Da quel momento, in un attimo, divenne il più richiesto pittore e ritrattista da salotto di Berlino. Il successo gli permise di aumentare i prezzi dei suoi lavori e di concedersi il lusso di trasferire il suo atelier in un luogo più luminoso e spazioso, arredandolo secondo i suoi gusti. Traslocò in uno dei quartieri più ricchi della città, il *New Gerusalem*, dove abitavano ricchi e facoltosi ebrei, molti dei quali divennero suoi clienti. Con alcuni di loro coltivò persino una preziosa amicizia.

In quegli anni fortunati Carlo non dimenticò mai la sua famiglia. Era ben al corrente del precario stato psichico del padre e cercò in tutti i modi di stargli vicino.

Alla fine del 1881 scriveva a casa:

...Per me tutte queste lodi e i numerosi apprezzamenti che sicuramente ancora seguiranno hanno come unico scopo quello di dimostrarvi che vostro figlio, prodotto della vostra educazione, è stimato in patria e all'estero e ciò prova che il vostro impegno e la vostra cura nei miei confronti hanno dato l'esito sperato.

Di tanto in tanto Edo sbadiglia; ora i suoi pensieri si concentrano di nuovo sul presente.

Il treno attraversa pianure e ponti, si addentra nelle rocce, si ferma in alcune città importanti e, mentre tra la campagna e i quartieri prefabbricati si comincia ad avvistare Milano, egli si domanda per l'ennesima volta perché suo fratello non sia rimasto a Berlino. – Aveva tutto: successo, denaro, donne, libertà... Cosa gli mancava per essere felice? Se fosse rimasto là non avrebbe incontrato i coniugi Welti e sarebbe stato meglio per la pace di tutti. Valli a capire questi artisti! – borbotta con la manica sulla bocca, come temesse di essere sentito.

A Milano cambia treno, è buio pesto e fa piuttosto freddo. Il monotono sferragliare lo rilassa e questa volta si addormenta. Al suo risveglio vede per la prima volta il mare, una massa grigio-azzurra sollevata dalle onde che paiono solidi e densi blocchi d'ardesia. Ora nel convoglio non è più solo: accanto a lui degli operai stanno facendo colazione. Un uomo tozzo e robusto, con la faccia distesa e quasi senza rughe, gli offre un caffè. Il caffè italiano gli sembra amaro, ma lo accetta volentieri perché ha bisogno di svegliarsi e di riordinare le proprie idee.

– Di dove sei? – lo interroga l'operaio.

– Sono svizzero.

L'uomo annuisce e, come fossero amici di lunga data, gli parla di un suo parente che ha trovato lavoro come scalpellino nelle cave di granito di Biasca. Gli racconta dei rigidi inverni, della mentalità chiusa dei ticinesi, del buon salario che gli permette di portare a casa qualche quattrino, addentrandosi sempre più nei particolari. L'avvocato non lo capisce, ma si diverte a vederlo parlare e gesticolare, fino a quando il monologo perde d'intensità per assomigliare sempre più al gocciolio monotono di un rubinetto che perde. Per fortuna il treno sta per entrare nella stazione di Roma e tutti si apprestano a scendere.

Roma, 17 novembre 1889

La pioggia scorre lucida sulle tegole del convento. Lidia, nella sua stanzetta umida e grigia, avrebbe voglia di salire sul tetto per udire da vicino l'acqua bisbigliare sulle tegole e contemplare il vasto e malinconico paesaggio, pieno di brughiere, cipressi e catene collinose. Le piacerebbe spogliarsi lasciando che la pioggia scorra sul suo corpo nudo, liberandola dal torpore della notte. Ma poi non avrebbe abiti puliti da indossare, perché quella maledetta valigia non è mai arrivata.

Si veste in silenzio. Persino le maniche della sua camicetta, infilate con attenzione, non fanno nessun fruscio. Poi un rumore di passi infrange la pace della casa e una suora entra nella stanza senza annunciarsi.

– Nella saletta delle visite ci sono tre signori che chiedono di lei.

La minuscola sala è stretta e alta come un incubo, la luce che filtra dalla finestra non rischiara a sufficienza l'ambiente, neppure quando il tempo è bello. Lidia saluta con apparente disinvoltura i tre uomini che le stanno di fronte e quando riconosce il dottor Neuhaus si sente agitare da un'ira impotente. Questi le presenta un collega, un tipo imbronciato dal profilo da falco, ma evita di dirle che si tratta del dottor Fiordispini, rinomato psichiatra di una nota clinica romana. Il terzo uomo le tende una mano magra e ossuta, che al tatto sembra un fascio di rametti. È un giovane dall'aspetto di un ragazzino, con un nome complicato, impossibile da pronunciare, che si vanta di muovere i primi passi nella carriera diplomatica. Lidia rabbrividisce al pensiero che potrebbe trattarsi di un nuovo alleato del Consigliere federale.

Neuhaus, senza troppi preamboli, informa il collega e il giovane dal cognome complicato di come Lidia si sia invaghita di Stauffer e non abbia esitato a tradire suo marito. Poi le domanda con palese curiosità cosa, in particolare, l'abbia sedotta. Lei risponde di essere stata attratta dalla genialità, dal talento e dall'amore che Carlo ha sempre mostrato nei confronti dell'Arte, e aggiunge:

– Ci conosciamo da molto tempo, la nostra intesa non ha bisogno di confessioni o di spiegazioni, condividiamo gli stessi interessi e ci scriviamo da oltre quattro anni, non si è trattato di un semplice colpo di testa.

Neuhaus annota qualcosa su un taccuino e la tempesta di nuove domande, alcune indiscrete e imbarazzanti, a cui lei non si sente in dovere di rispondere. Non permetterà agli alleati di suo suocero di farla cadere in qualche fatale e pericoloso trabocchetto e si convince che nessuno riuscirà mai a seppellire i suoi sogni!

Il mattino bianco è sospeso nelle strade senza fine, il paesaggio privo di luci e di colori sembra spento. È da più di tre giorni che Lidia non ha più notizie di Carlo e la cosa comincia a inquietarla. Con quale diritto lo trattengono così a lungo in questura? Non le risulta che esista una legge che vieti a un uomo celibe di frequentare una donna sposata: le colpe ricadano irrimediabilmente su di lei, che ha commesso adulterio ed è pronta ad assumersene le responsabilità. A che punto saranno le procedure di divorzio? La signora Luisa Stauffer avrà ricevuto le loro lettere? Domande destinate a cadere nel vuoto, e lei costretta a perdere tempo in un monastero di suore senza neppure un parco dove poter passeggiare! Un'attesa nel nulla, un nodo alla gola, l'assenza prolungata di Carlo, la loro storia d'amore appena iniziata... Per distrarsi si reca nella vicina cappella, la porta è aperta, non c'è nessuno, è un povero tabernacolo con l'intonaco color pioggia, i cui soli ornamenti sono le litografie a colori della Via Crucis. Si mette davanti al pulpito e, mentre osserva la lavorazione della pietra, un suono cade dall'alto, rimane impigliato chissà dove, e subito altri suoni sbocciano tutt'intorno a lei. È la musica di un organo che rimbalza nella cappella vuota, interrotta qua e là da un brusio di voci e da uno strascicare di passi che si avvicinano alla porta. Il rumore cresce, come se molte persone parlassero tutte insieme: sono le suore che si apprestano a occupare la cappella per una funzione religiosa. Lidia fugge all'esterno e si ripara dietro all'unico albero del cortile, un pino marittimo di un bel verde intenso.

In serata il dottor Neuhaus torna per informarla che non può trattenersi più a lungo in convento. È impensabile che una signora aristocratica come lei, abituata a un lussuoso stile di vita, trascorra il suo tempo nella piccola stanza di un convento. Le propone di trasferirsi nell'antica villa di Sant'Onofrio, una casa grande e nobile che in passato apparteneva a Torquato Tasso. È circondata da un vasto parco, i cui alberi centenari e i numerosi fiori le ricorderebbero quelli del Belvoir.

Lei accetta la proposta e quella sera stessa una carrozza con i fanali rossi e il mantice tirato rumoreggia nel cortile del convento e scompare nella notte scura. Non raggiungerà mai la villa di Sant'Onofrio.

Lidia si trova nel manicomio di Santa Maria della Pietà di Roma, è a letto e cerca l'oblio dietro le sue palpebre chiuse. Il sonnifero dilaga nel flusso del suo sangue e muta il senso delle distanze, i colori e la densità delle cose. Ogni tanto si sveglia ma il sonno la riprende così velocemente che non si accorge neppure di riaddormentarsi.

Una porta si apre e una signora anziana entra nella stanza buia, i suoi occhi abbaglianti rischiarano la stanza. Si rannicchia sulla sedia, sembra un fagotto dimenticato. Dopo un po' allunga una mano e la posa sulla guancia di Lidia, che avverte una piacevole sensazione d'infanzia.

– Mamma... che sorpresa, dopo tutti questi anni! Avevo quasi dimenticato il tuo volto, forse perché la mia memoria si è rifiutata di ricordare il momento in cui ho perso una parte importante della mia vita; ricordo appena il pianto assillante della mia sorellina e un'infermiera bruna che si affaccendava di continuo attorno alla sua culla, finché, nonostante le sue premure, la bimba ha smesso di piangere ed è morta. Da quel giorno ti sei chiusa nel tuo dolore e sei diventata una mamma triste e, qualche mese più tardi, non hai esitato ad andartene anche tu, lasciandoci soli. Per molto tempo, dopo la tua scomparsa, ho vissuto nel timore che avrei potuto perdere anche il papà: lo spiavo durante la notte quando si alzava senza far rumore e scivolava verso la mia finestra. Lui era sicuro che dormissi profondamente, invece ero sveglia e tesa a controllare che non si gettasse dalla finestra. Non lo avrebbe mai fatto, ma avevo bisogno di certezze, perché non avrei sopportato di rimanere sola con i nonni.

– Stai tranquilla, non agitarti, hai solo bisogno di riposo – le sussurra dolcemente la mamma e le rimbocca il lenzuolo, tirandolo su fino a coprirle le spalle.

Lidia è contenta di averla accanto a sé, l'ha avuta per così poco tempo… È rilassata e serena, ma una volta uscita dalla marea di sogni in cui l'ha gettata il sonnifero realizza che la voce, che credeva essere quella della mamma, appartiene in realtà all'infermiera che le ha fatto ingerire la pastiglia.

Ora le è difficile distinguere i ricordi dai sogni, tutto è piuttosto confuso. Pensa a suo padre e lo vede seduto sul bordo del suo materasso. La sua immagine non è invecchiata: è rimasto un uomo vigoroso, sempre in cammino verso qualche luogo, sempre sicuro che tutto andrà bene. È solidale con lui, è come se fossero avvolti in un involucro di protezione e di alleanza. Gli vuole bene e lo stima non soltanto perché il suo nome è conosciuto in tutta la Svizzera, ma perché è un uomo tutto d'un pezzo, coraggioso, intelligente e leale.

Potentissimo nella politica e nella finanza, Alfred Escher ha iniziato molto presto una folgorante carriera; a soli venticinque anni è entrato nel Gran Consiglio di Zurigo, poi nel Consiglio di Stato, di cui è diventato presidente. Ha capito prima degli altri che per modernizzare il paese era necessario abbattere l'ostacolo delle Alpi e costruire un sistema ferroviario interno che permettesse il trasporto delle merci. Per finanziare la rete ferroviaria della galleria del

San Gottardo ha fondato il Credito Svizzero. Purtroppo i numerosi imprevisti, come i contenziosi con le banche finanziatrici e i problemi tecnici legati alla natura della roccia e alle falde freatiche, hanno causato continui aumenti di costi e ritardi nell'avanzamento dei lavori, con inevitabili problemi finanziari, costringendo le banche a stringere le borse. La Compagnia ha dovuto chiedere un nuovo credito alla Confederazione ed è toccato proprio al Consigliere federale Emil Welti occuparsi della questione finanziaria della galleria. Costretto a discutere in parlamento un credito tardivo, non ha esitato ad attribuire la colpa dello sforamento delle spese ad Alfred Escher, suo futuro consuocero.

– Emil ha esercitato il suo potere contro la mia persona e mi ha costretto a dare le dimissioni da presidente della Compagnia del San Gottardo. Puoi ben immaginare cosa ciò abbia significato per me: ero uno degli uomini più potenti della Confederazione e il maggior sostenitore della linea ferroviaria del San Gottardo e non sono neppure stato invitato all'inaugurazione della galleria. Sono diventato un capro espiatorio, vittima della mia stessa opera. Nessuno ha più parlato delle responsabilità degli ingegneri e dei tecnici che hanno sottovalutato le difficoltà legate al tipo di granito del San Gottardo. Tuo suocero, che avrebbe avuto il dovere di impegnarsi a fondo per il bene pubblico, si è servito dei beni statali per tutelare i suoi interessi privati. E ora sta facendo la medesima cosa con voi.

Appoggia la mano su quella della figlia, considerandola con affetto.

– È un uomo caparbio, che se ferito nell'onore e nell'orgoglio può diventare pericoloso. Ora sta tramando contro di voi. Non avresti dovuto fidarti del medico della legazione e tanto meno consegnargli il tuo certificato di assicurazione malattia. Se ne è servito per affidarti allo psichiatra che, d'accordo con lui, ti ha dichiarata affetta da «follia sistematizzata». Con una simile diagnosi sei considerata una persona pericolosa e non sarà facile farti uscire da qui. Quanto mi dispiace non poterti aiutare!

Con le sue dita fredde Lidia stringe il lenzuolo e trattiene a fatica la voglia di piangere.

– Devi credermi papà, non sono pazza!
– Non ho mai creduto che tu lo fossi e non lo credono neppure i medici che ti hanno in cura, ma sono complici di tuo suocero e mentono senza scrupoli!
Un fruscio, un rumore di passi eterei, le anime dei suoi genitori che camminano vicinissime a lei. Stanno per andarsene, Lidia vorrebbe trattenerli, ma non ha questo potere. Si volta sotto la coperta, una lacrima le scivola nei capelli mentre tenta di scuotersi di dosso il loro ricordo. Poi il suo pensiero torna a Carlo, al loro primo incontro, alla loro immediata intesa, all'istantanea corrente di simpatia, e le vengono in mente le sue prime parole alla scoperta del Belvoir.
– Qui mi sento invadere da un senso di grandezza e di libertà: il viale di cipressi, l'imponente vista sul lago e sulle Alpi, la magnifica villa circondata di fiori, la sala con la grande libreria, il grande scrittoio… Qui si respira!
Alle spalle di Lidia una vecchia infermiera rugosa tenta di accendere lo stoppino della lampada, ma il petrolio volge alla fine e puzza di bruciato. Prima di sostituirlo appoggia sul comodino una pastiglietta bianca che ha l'odore del gesso. La paziente la fa scivolare sotto la lingua e la sputa non appena la donna le volta le spalle.
L'infermiera apre la finestra e fa entrare un po' di aria fresca e la paziente vede per la prima volta le sbarre che la separano dalle persone e dalle cose. Vorrebbe essere quella falena bianca e trasparente che passa ronzando vicino alla luce della sua lampada, un'alterazione fisica più che una presenza fisica di cui nessuno noterebbe l'assenza.
– Dove si trova Carlo Stauffer in questo momento? – chiede in tono addolorato, ma il volto dell'infermiera è freddo e impassibile e Lidia sa che non le caverà una parola di bocca.

Roma, 18 novembre 1889
Da qualche giorno Emilio avverte una stanchezza che non lo abbandona, che parte dalle spalle e sembra volergliele piegare. Assonnato e un po' ingobbito arriva all'albergo Alimberti e per un momento crede di aver sbagliato

porta perché l'atrio è pieno di gente, soprattutto inglesi alti ed eleganti. Si fa strada tra loro e raggiunge il portinaio, dal quale si fa consegnare la chiave della stanza dove il pittore e sua moglie hanno trascorso la loro ultima notte insieme.

– Abbiamo ricevuto ordine dal ministro Bavier di non toccare niente, neppure il letto, e così abbiamo fatto – sorride maliziosamente il portinaio.

La sua stupida allegria indispettisce Emilio, che si fa consegnare la chiave senza fare commenti. L'idea che, soltanto qualche giorno prima, sua moglie abbia salito quelle stesse scale in compagnia di Stauffer a cui lui, da vero stupido, ha procurato soldi, lavoro e notorietà, lo rende furioso e di malumore. Nella camera matrimoniale il letto è grande e basso. A Emilio pare che le lenzuola, giallastre come sudari, conservino le forme dei due amanti. Non può fare a meno di immaginare i loro corpi distesi, intorpiditi dal piacere, e la cosa lo disgusta come frutta andata a male. Non vuole e non può ammettere di avere la sua parte di responsabilità per quanto è accaduto: nessuno dovrà mai sapere che prova dell'attrazione fisica per persone del suo stesso sesso. Per mettere a tacere la propria coscienza si convince che si tratta soltanto di una fantasia un po' perversa e dà sfogo alla rabbia contro chi l'ha così ingiustamente umiliato.

Gli sportelli degli armadi sono aperti: su uno scaffale c'è una maglia dimenticata, per terra capi di biancheria sporchi, abbandonati, niente di cui valga la pena interessarsi. Sul comodino di Carlo invece è appoggiato un pezzo di carta che lo incuriosisce: è un testamento scritto e firmato da sua moglie.

Roma Albergo Aliberti Via Margotta 13 nov. 1889.
Testamento.
Io, Lidia Welti, nata Escher, fu Alfred Escher di Zurigo, essendo in istato mentale normale e davanti ai due testimoni prescritti dalla legge, ordino, in questo che segue, la mia ultima volontà: in caso di morte lego tutti i miei beni al Signor Carlo Stauffer, pittore e scultore fu Edoardo, parroco di Berna.

Emilio si accascia sulle lenzuola spiegazzate, con la testa tra le mani. È convinto che Carlo sia pazzo.

Dopo aver minacciato di morte il ministro Bavier, ora intende approfittare di Lidia. Dio solo sa cosa gli sta passando per la testa!

– Se mia moglie dovesse morire prematuramente non illuderti di ereditare il mio patrimonio, mascalzone! Del resto sono arrivato giusto in tempo per impedirtelo! – conclude ad alta voce e si infila il prezioso documento nella giacca. Scende di corsa lungo la tromba delle scale agitata dalla luce, vola giù per gli scalini, si ferma alla ricezione e, prima di abbandonare l'albergo, dà ordine al portinaio di svuotare la camera. Poi si precipita nell'atelier di Stauffer, che è freddo, forse perché è in penombra o perché le stanze disabitate restano fredde anche se la giornata è bella.

Al centro, posata su una specie di piedestallo e interamente coperta di stracci, si nasconde una statua indefinibile, illuminata di lato dalla luce del sole, che ne proietta l'ombra sulla parete. La figura si allunga nella luce morbida e grigiastra e per un attimo Emilio immagina che sotto quegli stracci ci sia Carlo.

La statua è lì, ferma, avviluppata e imbacuccata come un fagotto coperto di neve. Potrebbe trattarsi di un animale, o di una pietra, non sembra avere parvenze umane. Improvvisamente una voce, bassa e trattenuta, come di qualcuno che sta parlando in un imbuto, si alza da sotto i panni.

– Ti ho preceduto! Qui non ci sono né Consiglieri federali né ministri o avvocati corrotti, nessuno che ci giudichi o ci condanni, qui siamo soli!

Emilio avverte qualcosa di freddo e duro contro la schiena e una goccia di sudore gli scende serpeggiando sulla fronte.

– Eri convinto che mi trovassi ancora in prigione e hai pensato bene di impossessarti delle mie opere, non perché ti piacessero ma perché speravi di poterne ricavare del denaro. Eri sicuro di poter agire indisturbato, neppure Lidia, dalla clinica psichiatrica in cui si trova, avrebbe potuto intervenire. Come se non bastasse hai fatto in modo che fossi accusato di aver

stuprato una malata di mente. Questa è davvero grossa e non intendo fartela passare liscia!

Nella sua immaginazione Emilio vede Carlo prendere d'assalto le tasche dei suoi pantaloni.

– Eccola! – esclama, mettendogliela sotto il naso. – Credi che non sappia che è stato tuo padre a ordinare al ministro di scrivere questa lettera?

La stropiccia nervosamente fra le dita e legge ad alta voce:

Eminentissimo senatore!

In seguito all'indagine eseguita dai Prof. Fiordispini e Dr. Maxim Bosnay sulla salute della signora Welti, mia concittadina, in considerazione del fatto che questi illustri signori hanno diagnosticato all'interessata una follia sistematizzata e dato che la signora, secondo l'opinione dei medici, dev'essere internata in un manicomio per essere guarita, ma anche allo scopo di evitare seri inconvenienti, chiedo alla vostra nobile signoria, a nome del consorte, stimato signor Dr. Welti di Zurigo, di accogliere la richiesta di ricovero della malata nel manicomio Casa Romana, in prima classe.

Restando in attesa di una sollecita risposta da parte della vostra nobile signoria, La prego di gradire l'espressione della massima stima.

Suo Bavier, ministro della Svizzera

Sopraffatto da un'ira che il carattere di per sé impetuoso accresce ulteriormente, Carlo urla che è quella la prova che avevano deciso e programmato tutto in anticipo. Per evitare che lo scandalo diventasse di dominio pubblico, Lidia doveva sparire dalla circolazione! Se fosse rimasta libera si sarebbe adoperata per farlo uscire dal carcere e avrebbe ufficialmente preso posizione contro suo marito, mobilitando i suoi amici, e questo Emilio doveva assolutamente evitarlo!

Carlo arma il cane e solleva in alto la pistola, Emilio, bianco come un cero, lo supplica di non sparare; adesso è disposto a tutto, persino a cedergli la moglie.

– Troppo tardi!

Il suo assassino sghignazza sarcastico e non esita a premere il grilletto. Parte un colpo, la violenza di una martellata spazza via suoni e colori, la vita di Emilio si sta spegnendo.

Le sue fantasticherie sono bruscamente interrotte dal ramo secco di un albero che si spezza e sbatte contro la finestra. Il lanciatore di giavellotto è sempre avvolto negli stracci che dovrebbero essere umidi, invece sono secchi come ghiande. La scultura è in uno stato pietoso e attende invano di essere terminata. Se Carlo la vedesse così mal ridotta stenterebbe a riconoscere la propria opera.

Emilio si guarda attorno nella speranza di trovare altri lavori, ma non ve ne sono. Per fortuna il Belvoir non è ancora stato venduto e al suo interno si trovano ritratti di Stauffer di un certo valore: copie di Van Dyck e Velasquez, ritratti della madre di Carlo Stauffer, della sorella Sophie, di Gottfried Keller, impressioni orientali, sculture e quadri a olio. Faranno da pegno per il risarcimento delle spese.

Roma, Carceri Nuove, 19 novembre 1889

Un'eclissi di sole oscura la mia vita, nostalgia e immaginazione navigano verso isole lontane. Frammenti di colori, figure, suoni galleggianti, tutto è stato spazzato via. Sono stato bruscamente trascinato in un mondo primitivo, brutto e assurdo, dove manca tutto ciò che potrebbe abbellirlo. Odio questo «devi» imperativo e ostile che mi tiene prigioniero e mi costringe a condurre una vita che non è la mia, una vita bassa, funzionale, senza Arte e senza Dio. Non voglio pensare né ricordare, devo svuotare la testa, mettere tutto in un cestino, ma non ci riesco. Mi sorprendo a pensare al viaggio che mi ha condotto fin qui, vedo davanti a me la vettura della polizia percorrere il Corso e raggiungere il Campo de' Fiori e mi viene in mente che lo scorso mese di giugno, in questo stesso luogo, ho partecipato a una festa commemorativa in onore dell'eretico Giordano Bruno, che tre secoli fa è stato bruciato sul rogo. Era festeggiato come precursore della libertà: la sua riabilitazione avrebbe dovuto dimostrare a Roma e al mondo intero che l'Italia aveva superato la dittatura ed era diventata uno stato di diritto, dove nessuno avrebbe più dovuto temere l'oppressione delle autorità! Parole, nient'altro che belle parole! La discrepanza tra la realtà e le dichiarazioni è enorme. Mentre mi portavano qui gridavo che ero innocente, e nonostante ciò stavo per essere rinchiuso nelle peggiori carceri di Roma: nessuno è accorso a liberarmi, neppure Giordano Bruno!

Mi trovo in prigione da sei giorni. La mattina sono costretto a lavarmi con l'acqua fredda e senza sapone e dal giorno del mio arrivo la barba mi è cresciuta parecchio, ma senza un rasoio non posso radermi. Indosso ancora gli abiti che portavo il giorno del mio arresto, i vestiti di ricambio sono un lusso che qui non ci concedono.

Ho i sensi distrutti ed è soltanto la speranza di un'imminente liberazione a darmi la forza di andare avanti. Dopo un'interminabile attesa ieri è finalmente venuto un giudice istruttore. L'istruzione si è svolta in modo penoso, ma almeno ora conosco il motivo per cui sono stato rinchiuso: malversazione e tentativo di truffa. Ho spiegato al giudice di non avere agito per mia iniziativa, ma su disposizioni di Lidia e gli ho fatto presente che il denaro apparteneva a lei e non a Emilio e mi era servito per pagare l'acconto dell'albergo. Lui mi ha assicurato che la mia liberazione sarebbe stata questione di poche ore. Ora so che la prova sta per finire e aspetto con trepidazione l'arrivo di mio fratello, che mi porterà via da qui. E intanto un ricordo, rapido come un lampo, mi riporta indietro di qualche anno, nella casa paterna di Bienne.

Una giornata appena cominciata, qua e là sotto gli alberi angoli di ombra e di umidità. Cammino con mia sorella tra i campi, spruzzati di certi fiori azzurri di cui non mi sono mai curato di chiedere il nome.

– Oggi sono due anni che è morto nostro padre!

Le rispondo che lo so, che non l'ho dimenticato.

– La sua malattia è stata un mistero per me. Desideravo saperne di più, ma avete voluto tenermi al riparo da tutto, e non ci siete neanche riusciti. Che papà avesse sbagliato mestiere non era una novità. È sempre stato un uomo retto e di grande umanità ma non particolarmente religioso, e ha scelto di fare il parroco più per opportunità che per vocazione.

– Chi te le ha dette queste cose?

Ada abbassa la voce, mi confida che le è capitato di origliare dietro a una porta chiusa mentre lo zio, direttore di un noto manicomio a Berna, parlava con nostro padre.

– Papà sosteneva di credere nel bene e nella giustizia e di agire di conseguenza, ma ammetteva di essere segretamente legato ai piaceri della vita. Era un uomo molto sensuale e gli capitava di avere dei pensieri impuri, in contrasto con gli insegnamenti della Chiesa. Benché si sforzasse di reprimerli, gli succedeva di sognare delle avventure erotiche che lo facevano vergognare di se stesso. I continui interrogativi dello spirito e le inquietudini della carne non gli davano tregua e facevano oscillare la sua fede. L'assiduità e la premura con cui si dedicava alle opere di bene non bastavano a fargli ritrovare la pace interiore. Dev'essere per questo che ha tentato il suicidio!

Ada mi stupisce. Parla liberamente, senza pudore e senza esitazione. Ho sempre creduto che fosse la più ingenua delle sorelle, la sua tendenza alle fantasticherie e il suo gusto per la solitudine mi avevano convinto che non le importasse nulla degli altri e del mondo, ma ora devo ricredermi.

Fa una pausa, con lo sguardo accompagna il sole che si avvia al tramonto. – Dopo essere uscito dalla clinica psichiatrica – riprende – papà sembrava aver ritrovato una certa stabilità: aveva ricominciato a esercitare la sua professione di parroco e aveva messo al mondo altri due figli, tra cui me, ma non si era mai riconciliato con la vita e il suo equilibrio, da allora, è rimasto precario. Per conservarlo aveva bisogno che tutto si svolgesse in modo tranquillo e non aggressivo, i cambiamenti, anche quelli più insignificanti, lo mettevano in crisi.

L'imminenza del tramonto ci costringe a tornare indietro. La terra si attacca alle nostre scarpe obbligandoci a procedere lentamente verso casa, come contadini alla fine di una giornata lavorativa.

– Ti ricordi quando papà si è candidato per un lavoro al penitenziario di Berna? Avrebbe dovuto sentirsi lusingato per aver vinto il concorso, invece temeva di non esserne all'altezza.

– Di questo non mi ricordo.

Si passa la lingua sulle labbra, scuote la testa.

Le spiego che il compito di nostro padre era quello di dare un appoggio spirituale e morale ai detenuti e le parlo della lettera che in quell'occasione gli avevo scritto da Monaco e in cui lo incoraggiavo a tenere duro. Se fosse riuscito a infondere a ogni singolo detenuto un minimo concetto morale, molti pri-

gionieri, grazie a lui, avrebbero potuto reintegrarsi nella comunità: sarebbe stata un'attività nobile, che gli avrebbe procurato grandi soddisfazioni. Ma lui non era più sicuro di aver fatto la scelta giusta, si era convinto di aver ottenuto il posto grazie all'appoggio di amici e conoscenti e non per merito personale e dubitava delle sue capacità. Dopo pochi mesi si è licenziato ed è stato l'inizio della sua fine: ha cominciato a sentirsi in colpa, sosteneva di aver rovinato la sua famiglia ed era convinto di meritarsi una condanna. Voleva addirittura essere giudicato da un tribunale!

Il sole ormai senza forma vacilla in un alone rosso fuoco. Davanti all'ombra della notte scende il silenzio. Un silenzio diverso dalla quiete in cui abbiamo passeggiato!

Edo è a Roma ormai da tre giorni e ancora non ha potuto visitare suo fratello. Le liste d'attesa lo fanno arrabbiare e la continua presenza di un interprete lo innervosisce.

Quella mattina si reca da uno dei più prestigiosi avvocati di Roma, il quale lo assicura che, nel caso di Carlo, non sussiste alcun fondamento all'accusa di appropriazione indebita o di malversazione. Secondo le istruzioni dello stesso Welti, Stauffer aveva il diritto di disporre dei mille franchi per saldare il conto dell'albergo. L'arresto, secondo il diritto italiano, non avrebbe quindi dovuto aver luogo.

Edo si dirige all'ambasciata svizzera e, fremente di gioia, comunica al ministro le ultime novità, ma Bavier, freddo e distante, annulla sul nascere il suo buonumore.

– Sono spiacente di doverla deludere, ma devo comunicarle una brutta notizia.

Spalanca i suoi vispi occhietti neri e gli fa sapere che nei confronti di suo fratello esiste un'altra accusa, più grave e più inoppugnabile della prima. La legazione, infatti, possiede un documento scritto nel quale un noto psichiatra di Roma dichiara che Lidia è incapace di intendere e di volere. Come conferma della sua malattia mentale sarebbe stato trovato un testamento in cui la signora Welti asserisce che, in caso di un suo prematuro decesso, Stauffer diventerebbe proprietario di tutti i suoi averi. Suo fratello è perciò accusato di aver abusato di una malata di mente!

Edo è allibito. La sua recente speranza si tramuta in delusione e la delusione in rabbia. Per la prima volta si rende conto che Emilio non sta collaborando con lui, come gli ha fatto credere, e non esita a esercitare la sua nefasta influenza sulle persone che possono essergli utili.

Prima di partire, dice a Bavier di voler consultare l'avvocato di Stato che si occupa dell'accusa, e di voler esaminare i registri e gli incartamenti che riguardano la causa. Il ministro gli risponde che non ci sono problemi.

– La farò accompagnare dall'onorevole diplomatico Rochette, che oltrettutto è anche un ottimo interprete.

Amareggiato Edo si allontana dall'ambasciata svizzera, un edificio triste, rivestito di intonaco marrone, coperto di croste come un dolce troppo vecchio.

L'avvocato di Stato è un uomo di ferreo vigore, sulla quarantina. Indossa un abito nero spiegazzato e un candido colletto alto con le punte arrotondate, da cui spunta un collo rigido e sottile che sembra infilato in una scatola. Accoglie Edo senza eccessiva cordialità, e lo fa accomodare nel suo ufficio, dove si informa sul motivo della sua visita.

– Sono qui per fare luce sull'accusa di appropriazione indebita che grava su mio fratello, il pittore Carlo Stauffer.

– La fermo subito, avvocato, in quanto secondo il diritto romano l'accusa non sussiste.

– È ciò che stavo per dire. Dunque mio fratello è libero!

– Non esattamente.

– Si spieghi meglio.

– Vede, suo fratello è pure accusato di aver abusato di una malata di mente e purtroppo la legazione non è autorizzata a intervenire sulla delicata questione. Spetta a chi ha mosso l'accusa, in questo caso al Procuratore del Re, discutere il caso e prendere posizione in merito, ma sappia che il Procuratore ha preso le sue decisioni e non farà marcia indietro! Per quanto riguarda invece la consultazione dei nostri registri sono a sua disposizione. Faccia pure anche visita al prigioniero, così potrà sincerarsi delle sue condizioni.

L'avvocato di Stato punta i pugni sul tavolo come volesse alzarsi, poi gli viene in mente ancora qualcosa.

– Dal momento che le sue conoscenze della lingua italiana non le consentirebbero di seguire la discussione con il Procuratore del Re, riteniamo che la sua presenza non sia indispensabile e pertanto il colloquio verrà condotto dal diplomatico designato a tale scopo. Comunque la terremo informata sul suo esito e sull'immediato futuro del signor Stauffer.

Edo, costretto ad attendere in un'insignificante saletta color topo la decisione del Procuratore, si sente offeso e adirato. Perché lo hanno escluso dal colloquio, si domanda, è avvocato anche lui, di cause se ne intende e, dopotutto, si tratta della sorte di suo fratello. Si macera in una rabbia solitaria e si convince che chi detiene l'autorità gli nasconda qualcosa e gli stia mentendo.

Ora il Procuratore esce a grandi passi dalla sala riunioni, sembra avere fretta di dileguarsi, quasi volesse fuggire. Nel frattempo il diplomatico comunica a Edo che per il momento Carlo dovrà rimanere in prigione, perché la sua libertà comporterebbe un pericolo troppo grande per i suoi superiori, in particolare per il dottor Welti.

– Ma cosa sta dicendo? Mio fratello non ha mai usato violenza a nessuno e non era armato, neppure il giorno del suo arresto – sbotta. Sotto le sue parole si avverte un grido disperato.

Rochette lo invita alla calma e ribadisce che Carlo in carcere avrebbe minacciato di morte diverse persone e che rappresenta quindi un pericolo per la popolazione.

Edo si sente impotente e capisce che dalla legazione non otterrà alcun aiuto. È in questo stato d'animo che, sempre tallonato da Rochette, si dirige nella saletta delle udienze per incontrare il fratello.

Edo dovrebbe essere già qui, perché non è ancora arrivato? Gli spiegherò come sono andate le cose e, una volta chiarito il malinteso, non ci metterà molto a farmi uscire da questo inferno. Chissà come si comporteranno gli amici e i conoscenti quando verranno a sapere che mi è stata ingiustamente usata violenza, e come reagirà la stampa una volta informata che io, artista indipendente e di successo, sono sparito in una botola, senza processo e senza interrogatorio. I giornali faranno luce sul gravissimo errore commesso a mio danno e già mi diverto a immaginare i titoli delle testate: Assurda incarcerazione commessa a danno di un noto artista suscita indignazione e scalpore. *Oppure:* Il famoso pittore e scultore Carlo Stauffer è stato illegalmente imprigionato nelle peggiori carceri romane per colpa di un marito geloso.

Mi prefiguro la reazione del Consigliere federale e in gola già avverto lo spettro di una risata, ma ecco che la porta si apre, un guardiano mi chiama, lo seguo e sono convinto che tutto andrà per il meglio. Saliamo i gradini di ferro, entriamo nel cortile buio e, per la prima volta da sei giorni, vedo le foglie, l'erba, i cespugli e sento gli odori aspri del cielo e della terra, gli odori della vita che sono anche gli odori della mia infanzia.

Nello studio c'è mio fratello. Per nascondere l'emozione mi gratto con l'indice un orecchio. Non sembra particolarmente felice di vedermi, i suoi occhi vagano attorno inquieti, con sguardi sospettosi e tristi. Forse si comporta così perché non siamo soli, infatti non avevo notato Rochette, l'addetto diplomatico del ministro, che conosco dai tempi in cui frequentavo la casa del ministro Bavier. Cosa ci fa qui? La sua presenza è di certo un segnale positivo, potrebbe significare che qualcosa finalmente si sta muovendo a mio favore. – Mi hanno detto che sarò liberato in serata! – esulto, emettendo qualche suono di entusiasmo, ma la notizia non è accolta dai miei interlocutori con il dovuto fervore. Il diplomatico rimane impassibile, le pieghe delle palpebre gli ricadono sugli occhi, ho l'impressione che stia per addormentarsi. Neppure mio fratello sembra contento e mi guarda come se la notizia non lo riguardasse. Ora sta per parlare, mi auguro dica qualcosa di carino e trattengo il respiro per non perdere una sola parola, poi realizzo che mi sta muovendo dei rimproveri, non sopporto che mi si faccia la morale, sono tentato di tapparmi le orecchie, invece decido di giustificarmi e gli dico che davanti alla legge Lidia è mia moglie e sono pronto a proteggerla, a costo di dover trascorrere il resto della mia vita in carcere. Mi risponde che Lidia è stata rinchiusa in un manicomio, che i medici l'hanno ritenuta bisognosa di cure, ma entrambi sappiamo che non è affetta da alcuna turba psichica. Questa è soltanto l'ennesima delusione profonda che dà il disgusto dell'esistenza. Dal colmo della felicità precipito nell'abisso. Ma ormai ci sono abituato, ammesso che ciò sia possibile.

Edo si reca nell'ufficio del giudice istruttore e dal pubblico ministero, e dopo essersi intrattenuto con membri del governo, magistrati, ambasciatori, avvocati, si rende conto che nessuno di loro è intenzionato a intraprendere qualcosa per liberare suo fratello. Scoraggiato torna in albergo, dove scrive alla madre e la informa che, a suo modo di vedere, la cosa migliore sarebbe quella di dichiarare a sua volta Carlo malato di mente.

Domani andrò da uno dei più prestigiosi legali di Roma per una consulenza. Non conoscendo la lingua italiana, le cose non sono semplici. Carlo non ha fatto in tempo a ricevere la mia lettera, l'ho ritirata io stesso all'ufficio postale. Ho visto Roma in una luce cupa e non saprei dire per quali luoghi sono transitato oggi. Comunque, non preoccupatevi troppo; ho ancora qualche speranza che le cose si possano aggiustare. Ad ogni modo mi tratterrò qui ancora per una settimana.

È evidente che la fuga, la permanenza in albergo e tutto il resto sono stati organizzati senza riflettere, ma intendo approfondire questo argomento domani. Per ora voglio cercare di dormire per riprendermi dall'agitazione che mi hanno procurato gli eventi di questo pomeriggio. Domani andrò a visitare Klinger, dal momento che oggi non ho potuto farlo.

A presto, state bene. Un caro saluto da un turista involontario a Roma.

Berna, 26 novembre 1889

A Berna non è ancora nevicato, ma una raffica di vento freddo scuote gli alberi e le foglie autunnali si illuminano a seconda del lato che rivolgono al sole. Ada cammina spedita verso il centro città. Ha fretta di arrivare, teme che qualcuno possa fermarla per strada e chiederle informazioni su suo fratello. Le dispiace di non essersi fatta indicare almeno il nome della via, le avrebbe evitato giri inutili.

Lo scrittore Gottfried Keller abita in città vecchia, all'ultimo piano di un antico palazzo, che si distingue dagli altri perché intonacato di un colore più chiaro. Quando scende al pianterreno per ritirare la posta è ancora in vestaglia. Venire giù da quella rampa di scale gli costa sempre più fatica, le gambe non gli reggono più come un tempo e non gli permettono di mantenersi in equilibrio. È costretto ad aggrapparsi alla ringhiera per non cadere.

– C'è solo il giornale questa mattina! – grida la domestica dall'atrio buio, dove il sole non ha la possibilità di entrare.

– Sono sceso per niente, mi ha preceduto!

Durante la salita il respiro dello scrittore si fa pesante, arriva in cima sfinito, ma non cede alla tentazione di infilarsi nuovamente a letto, non ha intenzione di mettersi a dormicchiare in pieno giorno. Nonostante sia anziano e malato, è ancora interessato a ciò che avviene nel mondo, e finché la volontà rimane all'altezza delle forze intende mantenersi aggiornato.

Accosta la poltrona alla finestra, sfoglia gli articoli del quotidiano e si sofferma su un inserto che parla dell'anemia dei minatori durante la costruzione della galleria del San Gottardo.

SVELATO IL MISTERO
DELL'OSCURO MALE DEL SAN GOTTARDO
La tristemente nota «malattia del tunnel», di cui sono morti molti operai, non è, come si era creduto in un primo tempo, una malattia epidemica rara dovuta all'inalazione di sostanze nocive sconosciute presenti nell'aria delle miniere, ma è causata da un parassita, l'*Ancylostoma*, una larva di color biancastro che si sviluppa negli anfratti in cattive condizioni igieniche.
Il contagio avviene attraverso la pelle.

Il suo amico Alfred Escher, preoccupato per le sempre più numerose vittime, gli aveva riferito che all'interno della galleria i minatori lavoravano immersi fino alle ginocchia in un'acqua molto calda e inquinata dalle feci umane, e che la temperatura ricordava quella di una palude tropicale. Nessuno, allora, aveva pensato che la causa della pericolosa epidemia fosse da cercare negli invisibili abitanti di quell'acqua putrida.

I terreni caldi e umidi sono l'ideale per la schiusa delle uova che, attraverso la pelle, raggiungono il sistema circolatorio, arrivando al cuore e ai polmoni. Dagli alveoli polmonari le uova passano nelle vie respiratorie e giungono nello stomaco e nell'intestino, dove si fissano e si sviluppano. Una volta adulte le larve succhiano il sangue dell'ospite, incidendo l'epitelio e la parete dei capillari tramite una bocca a ventosa. In un solo organismo infetto si possono a volte contare fino a 1500 parassiti. Contro questo parassita alcuni ricercatori italiani hanno ora stabilito l'efficacia del timolo, una sostanza organica pura e velenosa, presente nel timo.

Lo scrittore abbassa il giornale e beve un goccio di caffè. Appoggia malamente la tazzina sul tavolo e ciò che non ha ancora bevuto si rovescia sul tappeto. Mentre la domestica accorre svelta a pulire gli schizzi, il suo sguardo azzurro si incupisce e si perde nel passato.

Lui e il defunto amico Escher si conoscevano sin da ragazzi ma, pur abitando l'uno vicino all'altro, erano cresciuti in due mondi diversi. Keller proveniva da una famiglia di contadini e per questo, fino all'età di dodici anni, gli era stata preclusa una formazione statale: era diventato scrittore senza ottenere alcun diploma scolastico. Escher invece apparteneva a una delle famiglie più ricche del paese, che da secoli facevano parte del patriziato di Zurigo. Sin dal quattordicesimo secolo, infatti, la sua famiglia aveva attivamente partecipato alle vicende della città, contribuendo significativamente a costruirne la storia, e aveva esercitato la sua influenza e il suo potere in campo economico e culturale. Alfred aveva avuto la fortuna di godere dei privilegi del suo rango. Istruito da maestri privati, aveva frequentato il liceo e più tardi si era laureato all'università di Zurigo, dove era diventato professore. Grazie alla sua influenza Gottfried aveva ottenuto diversi stipendi statali, che gli avevano permesso di trascorrere dei soggiorni all'estero, importanti per il suo mestiere. Più tardi lo scrittore e l'uomo di Stato si erano ritrovati casualmente ad abitare di nuovo nello stesso quartiere. Questa volta era toccato a Keller sostenere l'amico e aiutarlo a finanziare il suo progetto per la galleria del San Gottardo. Erano diventati intimi; sempre più spesso Gottfried si fermava al Belvoir, dove si intratteneva volentieri anche con la giovane Lidia, di cui lo affascinavano l'intelligenza e la cultura.

Nell'estate del 1875 Escher si era detto preoccupato per i conti in rosso della Società della galleria, un buco di oltre cento milioni di franchi. All'interno del tunnel la temperatura raggiungeva i trenta gradi mentre fuori, nella brutta stagione, scendeva sotto lo zero; non era normale che i lavoratori, dopo una dura giornata di lavoro, fossero costretti a percorrere con i vestiti bagnati diversi chilometri prima di raggiungere le baracche-alloggio dove erano obbligati a dormire a turno, perché disponevano soltanto di un letto ogni tre uomini. Ma mancavano i soldi per fare nuovi investimenti.

– Sono le scarse misure igieniche, le fogne a cielo aperto e i rifiuti depositati davanti ai dormitori e alle altre baracche i responsabili dell'aria appestata di quella parte del cantiere. Non c'è da meravigliarsi che la misteriosa epidemia dei minatori si sia diffusa a vista d'occhio. Comunque, ora che la Compagnia ferroviaria è in rosso, tocca alla Confederazione coprire le spese. Se non lo farà andremo incontro a un'inevitabile catastrofe! – aveva affermato Escher, convinto che la causa dei decessi fosse una malattia epidemica dovuta all'inalazione di sostanze nocive presenti nella sporcizia.

Lo scrittore è di nuovo in ritardo. Si chiede turbato dove abbia sciupato il suo tempo. Si è alzato prima del solito ed è inammissibile che sia ancora in pigiama alle dieci di mattina. Si tocca distrattamente i peli radi della barba e si reca in bagno, dove inizia a rasarsi. Una volta sbarbato, si guarda allo specchio e constata infastidito che dei peli ben visibili gli fuoriescono prepotentemente dal naso e dalle orecchie. Convinto che i vecchi, se trascurati nell'aspetto, facciano ribrezzo, si procura una forbicina e se li taglia. Poi si veste e sente suonare il campanello.

Ada aspetta dietro l'uscio chiuso. È ansiosa di incontrare lo scrittore, che conosce soltanto attraverso il ritratto e i racconti di suo fratello. I palmi delle sue mani sono sudati per l'emozione.

Gottfried Keller, con il busto eretto e l'aria solenne, va ad aprirle la porta.

– Buongiorno. Prego, entra pure. Hai fatto fatica a trovare la casa?

La ragazza fa un vago cenno con la testa, le sue labbra fredde non riescono a ritrovare il loro colore naturale.

Da qualche tempo lo scrittore è affetto da una grave malattia, le poche forze che gli ha lasciato il suo male lo hanno molto indebolito e non gli consentono più di partecipare alla vita pubblica, ma sono ancora sufficienti per ascoltare una giovane donna che esprime il desiderio di incontrarlo.

Lisciandosi accuratamente il vestito sulle cosce magre, Ada si accomoda su una poltrona e si guarda attorno. Nota subito che sopra una cassettiera di ciliegio c'è un dipinto di Carlo e la cosa le fa piacere. È il ritratto dello scrittore, rappresentato con un fazzoletto in una mano e un sigaro nell'altra, in una posizione talmente rilassata da sembrare addormentato.

– Quando tuo fratello mi ha fatto questo ritratto mi ero appena addormentato e lui ha preso la palla al balzo per scattarmi una fotografia da cui è nato questo quadro.

Mentre Ada guarda con grande attenzione la tela di Carlo, Keller indaga il suo giovane viso su cui spiccano, come tante macchiette di iodio, delle minuscole lentiggini.

– Sono venuta da lei perché sono molto preoccupata per mio fratello, non so se è al corrente di ciò che gli sta capitando...

Con un nodo alla gola si mette a raccontargli dell'arresto di Carlo, dell'orribile luogo in cui è stato rinchiuso e dell'improbabile accusa di malversazione, poi appiccica il viso alla tazza di tè caldo e vi preme contro la guancia.

È già da molti mesi che il vecchio Keller non ha più notizie del giovane pittore.

Dopo la morte dell'amico Alfred, Gottfried aveva continuato a frequentare il Belvoir, ma si era presto reso conto che erano finiti i tempi in cui la proprietà Escher era un importante luogo d'incontro di illustri personaggi politici, economisti e parlamentari. Aveva continuato a frequentare il Belvoir per la profonda amicizia che lo legava a Lidia, e non certo per suo marito, con cui non c'era una buona intesa intellettuale e nemmeno quella briciola di empatia che avrebbe magari potuto aggiustare le cose. Keller si era più volte interrogato sulla scelta di Lidia: con tutti i corteggiatori che le ronzavano attorno, aveva proprio dovuto mettersi con uno come Emilio Welti? Era stato proprio al Belvoir che lo scrittore aveva conosciuto Carlo Stauffer e si erano subito intesi bene. Durante il loro ultimo incontro, Carlo gli aveva confidato di avere appena terminato i ritratti del Consigliere federale Emil Welti e di sua moglie, e di essere in partenza per l'Italia. I Welti gli avevano fatto l'allettante proposta di finanziargli un soggiorno a Roma, a condizione che fosse disposto a consegnare loro le opere realizzate in quella città. Keller lo aveva messo in guardia dal rischio di diventare troppo dipendente da loro, ma lui non gli aveva prestato ascolto.

Lo scrittore corruga la fronte, pensoso.

– Fammi capire... chi ha arrestato tuo fratello e di quale appropriazione sarebbe accusato? In un paese democratico come l'Italia gli arresti non avvengono per caso.

Ada appoggia la tazza vuota sul tavolo.

– Non le ho detto tutto.

Arrossendo, gli racconta del tradimento di Lidia, della fuga dei due amanti a Roma, dei bagagli dimenticati a Firenze e del diamante venduto. Gli spiega che i soldi ottenuti dalla vendita del diamante non erano sufficienti, che Lidia aveva un conto in banca, intestato a lei, e che aveva fatto prelevare dall'amante il denaro necessario per saldare le spese di prima necessità. Carlo non aveva quindi agito di propria iniziativa, ma dietro suo ordine.

Il riflesso del fuoco saltella sul viso malato dello scrittore. Gli zigomi gli sporgono come se cercassero di sbucare fuori dalla pelle troppo fine. Con uno sforzo chiama la domestica e si fa portare un liquore. Ne assaggia un sorso, poi mette da parte il bicchiere.

– E Lidia dove si trova ora?

– È stata rinchiusa nella clinica psichiatrica di Santa Maria della Pietà di Roma.

Keller è esterrefatto: le autorità svizzere, invece di tutelare gli interessi dei cittadini, hanno preferito tutelare i propri interessi privati. Il comportamento della Confederazione, amorale e scorretto, lo disgusta.

Gli occhi dello scrittore prendono una luce lontana, sembrano attraversati da nuvole.

– Ci troviamo di fronte a un vero e proprio abuso di potere, assolutamente ingiustificabile in un paese democratico.

– Grazie, avevo bisogno di sentirmelo dire!

Gli dice che la vergogna provata dalla sua famiglia l'ha fatta sentire a tal punto colpevole da prendere automaticamente le difese di Emilio Welti. Fino all'altro giorno infatti la mamma e il fratello Edo hanno collaborato in buona fede con l'onorevole Welti e gli hanno persino consegnato le lettere che Carlo aveva scritto loro prima della sua carcerazione.

– Io non l'avrei mai fatto, ma non ho voce in capitolo, noi, figlie e sorelle, siamo sempre escluse dalle loro decisioni. Ora però si rendono conto anche loro che i Welti fanno unicamente i loro interessi!

Un gatto lungo e flessibile come un giaguaro entra inaspettatamente dal balcone, struscia il suo corpo contro la base della porta e si corica con le zampe tese e la testa rovesciata accanto al suo padrone.

– Conosci la storia di Michael Kohlhaas? – chiede lo scrittore alla ragazza.

– No, è una storia che ha scritto lei?

– È un racconto di Heinrich von Kleist e narra una vicenda che potrebbe capitare a chiunque, in qualsiasi paese e in qualsiasi epoca. È una storia sempre attuale, purtroppo.

– Perché dice «purtroppo»?

– Perché finisce male.

Ada non teme le storie che finiscono male; che non faccia anche lui come sua madre, che ha sempre voluto proteggerla da tutto, che gliela racconti pure quella storia!

– È la vicenda di un uomo che, come tuo fratello, è vittima di un'ingiustizia. Quest'uomo accusa lo Stato di non difendere i suoi diritti e decide di farsi giustizia da sé, commettendo a sua volta degli omicidi.

Lungo le rive di un fiume viveva, intorno alla metà del sedicesimo secolo, un mercante di cavalli da tutti considerato un uomo onesto e leale. Era proprietario di una fattoria e con i frutti del suo lavoro manteneva se stesso e la propria famiglia.

Un giorno, come spesso faceva, si diresse oltre confine con un branco di cavalli giovani e ben pasciuti e quando arrivò nei pressi di un maestoso castello, in territorio sassone, si imbatté in una barriera mai vista prima. Si fermò e un castaldo venne a chiedergli di pagare un tributo che il mercante liquidò senza fare storie. Stava già proseguendo il suo cammino quando l'uomo lo rincorse e gli domandò un lasciapassare. Il mercante, che conosceva la legge, si sentì raggirato, ma quello, insistendo, asserì che senza il permesso scritto del sovrano, non era consentito a nessun sensale di varcare il confine con i cavalli. Michael Kohlhaas sapeva che si trattava di un'estorsione illegale e chiese di poter parlare direttamente con il barone. Questi però gli confermò la richiesta del castaldo e lui, allibito, dovette promettergli che a Dresda si sarebbe procurato il lasciapassare. Non contento il barone pretese che gli lasciasse come pegno due dei suoi bei cavalli, – soltanto così sono sicuro che andrai veramente a ritirare il documento – dichiarò. Sconcertato da quella richiesta sfacciata il mercante gli rispose che quei cavalli erano destinati a essere venduti al mercato. Il barone si infuriò e minacciò di farlo ributtare al di là dello sbarramento, assieme alle sue bestie. Ancora una volta Kohlhaas fu costretto a cedere. Gli lasciò i cavalli e incaricò il suo servo più fidato di tenere ben d'occhio i due animali fino al suo ritorno.

Come aveva sospettato, alla cancelleria di Dresda gli confermarono che la storia del lasciapassare era inventata di sana pianta. Tornò quindi al castello per riprendersi le sue bestie, ma le trovò denutrite e senza forze. – Vi ho consegnato due cavalli sani e in perfetto stato, ora, così mal ridotti, stento persino a riconoscerli! – si lamentò. – Sono tenuti a guadagnarsi il foraggio e quindi è un mio diritto adoperarli nei campi, – sentenziò il barone. Impotente il mercante ingoiò la sua rabbia, gli lasciò i cavalli e se ne tornò a casa, dove apprese dalla moglie che il servo era stato selvaggiamente picchiato per aver cercato di proteggere gli animali maltrattati. Ricorse quindi alla pubblica giustizia e stese un ricorso in cui, dopo una descrizione dettagliata del sopruso commesso dal barone a suo danno, chiedeva che il colpevole fosse punito secondo la legge, e che i cavalli fossero riportati nelle loro condizioni originarie. Era sicuro di vincere la causa che invece fu cassata, perché il barone era parente di due nobiluomini appartenenti al seguito personale del Principe. Il suo avvocato gli consigliò di non proseguire per le vie legali e di limitarsi al ricupero dei cavalli, ma la sete di giustizia del mercante era tale che decise di farsi giustizia da solo: appiccò il fuoco alle baracche che si trovavano all'interno del muro di cinta e in un attimo l'incendio si propagò al castello e a tutti gli edifici attigui. Ben presto dalle finestre spalancate della torre di guardia volarono giù i cadaveri del castaldo e del fattore. Il barone però riuscì a fuggire nella cappella e a mettersi in salvo.

A questa prima violenta e fatale ribellione ne seguirono altre, che misero in moto una serie di avvenimenti, sempre più complessi e più terribili, a loro volta portatori di morte.

Ada lo interrompe, impaziente di arrivare alla conclusione.

– Ma riuscirà alla fine il mercante a ottenere giustizia?

– Sì, alla fine il barone sarà processato e costretto a pagare una multa, ma Kohlhaas, diventato un assassino, sarà condannato a morte.

– Secondo l'autore non vale dunque la pena combattere contro le ingiustizie...

– Al contrario. In questo racconto il protagonista è considerato un eroe, perché ha il coraggio di lottare per la riaffermazione della giustizia. Purtroppo, l'eccessiva emotività lo spinge a ribellarsi in modo troppo istintivo e violento, trasformandolo da vittima in assassino, e il suo agire fuori dall'ordine e dalla legalità gli sarà fatale.

La ragazza prende le parti di Kohlhaas. – Quando non esiste più uno Stato di diritto, si è costretti a farsi giustizia da soli! Si è ben visto cosa ha ottenuto il mercante servendosi delle vie legali... – ragiona, ma poi le vengono in mente le persone, anche innocenti, che hanno perso la vita per colpa sua, e non sa più troppo bene cosa pensare.

Keller intanto, assorto nei suoi pensieri, ripensa a Carlo e lo immagina estenuato, costretto a camminare in cerchio nella nebbia dei geli serali assieme agli altri prigionieri, sotto lo sguardo vigile dei guardiani. È convinto che l'unica cosa che resta di un uomo, in quelle terribili ore di sofferenza, sia la speranza, che ha sempre un senso, perché aiuta a sopportare e a non cadere nella disperazione.

Ada interrompe le sue riflessioni.

– Anche Carlo se venisse liberato potrebbe cercare la vendetta e, proprio come il mercante di cavalli, scagliarsi contro il Consigliere federale e magari ucciderlo. Per proteggerlo da una simile tentazione mio fratello Edo propone di dichiararlo a sua volta malato di mente.

Facendo eco alle sue silenziose riflessioni lo scrittore dichiara di condividere l'idea dell'avvocato.

– Probabilmente in questo caso l'accusa non avrebbe più ragione di sussistere – afferma. Poi si alza barcollando, nella speranza di stanare con il movimento il freddo che si è annidato nei suoi piedi.

Ada intuisce che è arrivato per lei il momento di congedarsi. Scende le scale e si avvia, costeggiando la strada che la conduce alla stazione. Le foglie dei faggi, lucide come vetri al sole, le bagnano le scarpe, ma ciò non sembra darle fastidio.

Roma, 30 novembre 1898

Edo rientra in albergo a piedi. La notte è fredda e limpida, le stelle dell'Orsa Maggiore penetrano oltre le luci della città e descrivono un leggero arco appena sopra il tetto dell'albergo. Entrando, l'avvocato si porta dietro un soffio di freddo che fa rabbrividire il portinaio.

– Buonasera signor Stauffer, proprio due minuti fa l'ha cercata un certo signor Welti, dalla Svizzera; dovrebbe trovarsi ancora in albergo, vada a vedere in sala, è possibile che stia cenando.

Attraversando un corridoio illuminato a gas, Edo si interroga sul motivo che può aver spinto Emilio a cercarlo in albergo. Cosa può volere ancora? Non ha forse già raggiunto il suo obiettivo? Lidia è ricoverata in manicomio, Carlo sta aspettando di essere trasferito nelle carceri di Firenze, i due amanti sono separati, rinchiusi tra mura sicure, e lontani dalla patria: la dignità della famiglia Welti è salva. Cosa può pretendere ancora?

La sala da pranzo è raffinata e ben riscaldata, ma Edo, che si trova lì per la penosa questione di suo fratello, non riesce a godere di quel lusso. Seduto a un tavolo vicino alla finestra, Emilio sta cenando da solo. Stauffer gli va incontro e lo saluta con formale gentilezza.

– Come mai ancora a Roma? – gli domanda con una certa irritazione

– Prima di rientrare a Berna volevo darti una bella notizia. Tuo fratello potrà uscire di prigione prima del previsto se sarà diagnosticato malato di mente. Verrà quindi visitato da uno psichiatra, ma secondo il giudice la visita dovrà essere effettuata a Firenze, dove si trova il «Forum delicti commissi». Del resto, anche il processo avrà luogo a Firenze e il trasferimento di Carlo è già stato deciso.

Edo lo considera con diffidenza. Ha fatto la medesima richiesta qualche giorno prima di lui, non perché ritenesse pazzo suo fratello, ma perché era l'unico modo per farlo uscire dal carcere. Perché ora Welti ne parla come se fosse una sua idea? Se Carlo venisse dichiarato affetto da una malattia psichica, verrebbe a cadere qualsiasi appiglio giuridico per consentire ai Welti di agire contro di lui. Quale interesse possono dunque avere per farlo dichiarare pazzo? Edo riflette. Dopo che l'accusa di appropriazione indebita si è dimostrata infondata, i Welti ne hanno subito formulata un'altra, decisamente più grave, e hanno preso due piccioni con una fava. Come auspicato e previsto dal Consigliere federale, le procedure sono andate per le lunghe senza un nulla di fatto, ma ora che la patata bollente passa nelle mani della giustizia fiorentina, i Welti hanno le mani legate e non sono più in grado di manipolare il processo. Se il tribunale ritenesse falsa la loro accusa, non solo Carlo riacquisterebbe la libertà, ma loro si vedrebbero costretti a pagare il risarcimento dei danni, e questo naturalmente i Welti devono evitarlo. Ecco allora l'idea della visita psichiatrica: le mura di un manicomio possono essere più invalicabili di quelle di un carcere, e una cura psichiatrica può prolungarsi a tempo indeterminato!

Emilio non capisce perché la notizia della visita psichiatrica non rallegri Edo, che rimane impassibile. Entrambi si rendono conto che tra di loro la distanza è destinata ad allargarsi.

– Lascio qui dei soldi per mio fratello; vorrei che durante il viaggio venisse trattato dignitosamente…

– Farà il viaggio come tutti gli altri prigionieri, non ci sono privilegi per nessuno.

L'avvocato non ha voglia di rimanere a discutere più a lungo. La presenza di Emilio lo indispone, oltretutto il giorno dopo deve alzarsi presto per tornare a casa. Si ritira quindi nella sua stanza, lasciando che Emilio finisca di consumare la sua cena da solo.

Roma, 3 dicembre 1989

Sbarre nude davanti al canto degli uccelli, donne smarrite e sole, che non sanno più distinguere la realtà dalle loro paure, che parlano e si muovono in modo rigido, che urlano illudendosi di poter infrangere la parete di vetro che le separa dalle cose e dalle persone. C'è chi dice che stando troppo in loro compagnia si corre il rischio di impazzire sul serio, ma Lidia non teme questo pericolo: è padrona delle sue facoltà mentali e accetta il suo destino con filosofia e rassegnazione. È contenta quando può aiutare le suore a occuparsi delle povere pazze. Ma le giornate sono lunghe, peccato sprecare tempo prezioso, meglio approfittare delle infelici circostanze per raccogliere in un libro le numerose riflessioni maturate dentro di lei nel corso degli anni.

Una suora le consegna un quadernetto vuoto, lei vi raduna le schegge sparse dei suoi pensieri, forse un giorno, quando le cose andranno meglio, le renderà pubbliche.

EDUCAZIONE FEMMINILE
Mi rivolgo al progresso del nostro secolo: sei un miserabile, perchè non sei ancora riuscito a dare alle ragazze la dignità che si meritano. I ragazzi, anche quelli più stupidi, si interessano generalmente al loro mestiere, le ragazze invece, anche se hanno molte strade aperte, non sanno costruirsi una vita indipendente e dignitosa. Sono considerate alla stregua di una merce, e aspettano con impazienza il primo acquirente.

Si stringe nelle spalle e, abbandonandosi sullo schienale della sedia, pensa che la maggior parte delle giovani donne si innamorano di un principe azzurro, lo sposano, gli affidano il loro corpo, la loro mente e la loro anima, senza conoscere niente della vita. Fiduciose e remissive, si fanno inconsapevolmente proteggere e forgiare dal loro uomo, il primo e l'unico, colui che si illudono di aver scelto...

Bussano alla porta. Lidia sussulta. Le annunciano la visita di suo marito, che dovrebbe arrivare tra un'ora. È la prima volta che viene a trovarla in manicomio, il cuore le batte forte, ma rimane lucida e continua a trascrivere le proprie riflessioni sul taccuino.

Non giudico immorale un comportamento che lascia tranquilla la coscienza. Oltretutto, benché il mondo non le giudichi tali, ci sono molte cose che sono immorali, come per esempio un matrimonio che viene stipulato al solo scopo di arricchirsi. Ammetto di essere in colpa di fronte a mio marito, ma non l'ho ingannato e ho ritenuto più onesto fuggire con Carlo piuttosto che comportarmi come molte altre donne, che raggirano i propri mariti e, senza farsi troppi scrupoli, conducono il loro amante direttamente nel loro letto matrimoniale. Le nostre leggi, inoltre, permettono il divorzio e pensavo, in un futuro immediato, di riuscire a regolarizzare la mia situazione. Certe cose, in momenti eccezionali, hanno la precedenza su certi miseri e prepotenti doveri coniugali e seguirli significherebbe sopportare l'insopportabile. Alcune regole che ci vengono imposte dalla società sono pensate per la gente comune. Per coloro, invece, che sono dotati di una certa intelligenza e che sono in grado di ragionare con la propria testa, rispettando la voce della loro coscienza, non è reato contravvenire alle regole.

È già trascorsa un'ora e mezza e Lidia sta sempre aspettando suo marito. Come Penelope che aspetta Ulisse e disfa la sua tela ogni notte. Come Biancaneve, come la Bella Addormentata e tutte le altre principesse addormentate. Sono sempre le donne che aspettano. Per lei è un'attesa diversa, Welti non è più il suo principe azzurro.

Ora varca la soglia. È ben rasato e porta dei baffi corti alla militare che lei non gli aveva mai visto prima. Non abbassa lo sguardo come lui forse si aspetta, ma lo guarda fisso negli occhi. Lui le cerca la mano e gliela stringe con le sue dieci dita disperate. È certo che lei, al momento del fatto, non era cosciente di quanto andava facendo e Carlo ne ha approfittato e ha abusato di lei. Lidia si mette a ridere: sapeva, eccome, ciò che stava facendo! Suo marito si sistema su una sedia di fronte a lei e, ferito nell'orgoglio, le indica col mento un quaderno rilegato in pelle. – È il diario di Carlo, l'ho trovato in albergo –. Lo sfoglia e si sofferma sull'unica frase del diario che potrebbe essere compromettente: *Questa mattina l'ho istintivamente ubriacata di sensazioni per far emergere la sua vera natura.*

– Questa è la prova che Stauffer ti ha «ipnotizzata» per

sottometterti al suo volere. Voglio credere che se tu fossi stata nel pieno delle tue facoltà mentali ciò non sarebbe successo.

– Ti sbagli, ero innamorata e non riuscivo, in quel momento, a reprimere la mia passione e il mio desiderio. Se mi avesse davvero violentata, le domestiche si sarebbero svegliate alle mie grida e sarebbero accorse in mio aiuto.

Suo marito scuote la testa e si accende un sigaro, lei si accorge di avere un po' di sangue rappreso sul labbro e se lo gratta via di nascosto prima di domandargli quanto tempo dovrà rimanere rinchiusa in manicomio. Lui fa spallucce: non può esprimersi su qualcosa che non conosce.

– I disturbi psichici sono di competenza psichiatrica e io non sono un medico.

Lidia ricaccia le lacrime, non vede l'ora che se ne vada per rimettersi a scrivere.

Dietro a questa faccenda dev'esserci un intrigo. Se tutte le persone coinvolte avessero agito lealmente, non avrebbero rinchiuso in prigione il mio amante per un reato che non ha commesso e io non mi troverei qui. Ho la fortuna di avere una buona memoria e so di non aver mai pronunciato una parola inopportuna o senza senso: quale pecca avrei dunque commesso? Non è tanto l'ingiustizia commessa nei miei confronti ad affliggermi, quanto piuttosto il ruolo meschino che mi è stato attribuito nei confronti del mio amante. Mi si dipinge come un essere vigliacco e miserabile, che si è lasciato dichiarare pazzo, lasciando sprofondare l'amante, da solo, nella melma. Invece ho sempre detto a mio marito e anche ai medici che, se esiste una colpa, sono colpevole anch'io, dal momento che non ho fatto nulla per oppormi a ciò che è avvenuto. In nome della giustizia chiedo che queste mie parole siano ripetute davanti al signor Stauffer. Vorrei anche riferirgli della promessa fatta a mio marito di non riceverlo all'interno di questa clinica. Sarebbe difficile per lui e anche per me rivederci come semplici «conoscenti», dopo essere

stati costretti a sopportare, l'uno per l'altra, le pene dell'inferno. E scene sentimentali all'interno di un manicomio sarebbero decisamente fuori luogo. Sono stata costretta a promettere a Emilio di aprire la prima lettera di Carlo soltanto in sua presenza, e questa è stata l'unica promessa che gli ho fatto. Quando mio marito ha preteso che dimenticassi per sempre il mio amante, gli ho risposto di non poterlo fare, perché gli avrei mentito.
Quando finirà questa storia? Ho bisogno di saperlo per poter pianificare il mio futuro. Se le principali persone coinvolte hanno testimoniato il vero, perché, mi chiedo, occorre così tanto tempo per risolvere la questione? Chiederò ai medici un certificato ufficiale che attesti che non sono mai stata pazza, altrimenti ne andrà di mezzo il mio futuro e sarò rovinata per sempre.

È sera. Il buio ammutolisce a poco a poco i colori dei muri e delle cose all'interno della stanza. Le macchie luminose di una candela saltano sul suo viso stanco, su cui si intravvedono tracce di tensione. Scrivere le dà sollievo, ha l'impressione di condividere pensieri ed emozioni con qualcuno. Con un gesto meccanico riprende la penna e la intinge nell'inchiostro, ma è stanca e le sue riflessioni vanno alla deriva, come certe nuvole indecise.

Le relazioni umane e le azioni più profonde sono destinate ad andare oltre l'idea del dovere. Là dove c'è il dovere, manca la consacrazione del genio.
Non capisco perché anche personaggi pubblici, nobili e raffinati, non riescano ad accettare che ognuno di noi possa giudicare gli altri dal proprio punto di vista.
Chi ha vissuto, anche un'unica volta, un'intensa e vera passione, non sarà mai amareggiato. La vita potrà anche infierire contro di lui con gravi colpi, ma, persino nei periodi più oscuri della sua esistenza, egli non dimenticherà i momenti in cui ha toccato il cielo con un dito.

Si rannicchia nel vano della finestra con le braccia strette attorno alle ginocchia e guarda la luna scintillare tra i rami spogli, la stessa luna che veglia su tutta Roma. Se nelle celle delle Carceri Nuove ci fosse un lucernario, anche Carlo potrebbe vederla e potrebbero condividere la stessa visione, una dolce emozione, ma è poco probabile che ci sia. Per realizzare il suo sogno Lidia tenta di cambiare il presente, ingannando se stessa. E allora ecco che tutto diventa possibile: l'arresto di Carlo non è mai avvenuto e il dottor Neuhaus non ha mai bussato alla porta della loro stanza. Carlo torna dunque in albergo per fare colazione con lei e la trova ancora rannicchiata sotto le lenzuola. La sveglia dolcemente, rimangono in silenzio, abbracciati, e lui le parla di una delle sue ultime sculture, *L'adorante*, un lavoro che ha quasi concluso, soltanto le braccia non hanno ancora trovato una posizione armonica accettabile. La statua è leggera e senza pretese; è difficile rendersi conto dell'impegno che c'è in quell'opera. Carlo ha tentato di ridurre tutto all'essenziale, sperando così di farne una figura ideale. Da quando lavora con i modelli di gesso, nella sua arte è subentrato un significativo cambiamento: l'obiettivo ora non è più la rappresentazione della natura, ma la ricerca di una forma assoluta. Lidia lo ascolta affascinata, consapevole di attivare, con il suo amore, l'intelligenza e la creatività dell'artista.

Una nuvola copre una parte della luna, il cielo si scurisce, Lidia torna al presente e, approfittando dell'ultimo refolo di luce che filtra nella stanza, raggiunge il letto. L'eccessiva stanchezza la rende pigra; si sveste nel buio, poi si lascia cadere sul letto come un albero abbattuto.

Il viaggio dei prigionieri dalle Carceri Nuove
alle Carceri Muratte: 4 dicembre 1889

Alla stazione di Roma i curiosi fanno ala al nostro passaggio. Odio la loro curiosità morbosa e giuro che, se non fossimo ammanettati gli uni agli altri a questa pesante catena, li prenderei per il collo, questi maledetti ficcanaso. Ci hanno scaraventati in un vagone senza finestre, ammassati come bestie in uno spazio esiguo dove non può entrare né la luce della luna né quella del sole. Se non fosse per quella fessura lassù, non beneficeremmo neppure di uno spiffero d'aria. È buio, non si vede un accidente, con le mani mi procuro a tastoni uno spazio che mi permetta di sedermi per non dover trascorrere la notte in piedi. Mi gratto in continuazione, i pidocchi ci hanno preso gusto con me e non mi danno tregua. La porta del vagone si apre all'improvviso, sono contento di respirare una ventata di aria fresca, ma subito si aggiungono nuovi detenuti, il treno non parte se i vagoni non straripano di prigionieri. Dove sono finito? Qui non contiamo nulla, non siamo nessuno, soffriamo come cani e nessuno muove un dito per salvarci. Sono un artista famoso, un ritrattista e uno scultore di successo, ma l'Arte, in un penitenziario, non sanno neppure cosa sia. Ci troviamo tutti nel medesimo calderone, innocenti o colpevoli, non sembra avere importanza. Brividi. Il volto irrigidito in una smorfia per tenere gli occhi chiusi, per non guardare quell'orrore senza scampo. Nessuno dorme, abbiamo fame d'aria, siamo bestie soffocate dal nostro pelo.

Una gomitata dura come una pietra, il fiato di un uomo che mi sta appannando il viso, una voce piena di raucedine che si incolla alle parole e le rende minacciose.

– Quanti anni ti hanno dato?

Rispondo che devono ancora farmi il processo e lui scoppia in una risata ruvida e secca. A lui hanno dato vent'anni, perché ha ucciso sua madre, un'arpia che non voleva saperne di sganciargli del denaro.

– E tu quanti ne hai ammazzati?

Mi domando con sgomento con che razza di persone sono costretto a viaggiare e sento il mio cuore rabbrividire. Le manette mi fanno male, le mani sono gonfie e allora alzo le braccia in alto e muovo le mani come se imitassi il vento, e il vento esce dalle mie dita gemendo, e sospira nelle mie orecchie e sul mio collo e su quello degli altri prigionieri. Intanto sopra le nostre teste il minuscolo spiraglio di luce si allarga, permettendoci di vedere un cielo verde bottiglia in cui splendono, come isole di luce, le stelle. Ce ne sono migliaia, sembrano lapilli schizzati via da un braciere; irradiano un potenziale calore e ci fanno stare meglio.

Le Carceri Muratte si trovano in un edificio massiccio, che rispecchia lo stile rinascimentale della città. Le mura esterne, in pietra squadrata, riflettono lo stile di Palazzo Pitti e restituiscono al carcere un'aureola di dignità. L'interno dell'edificio è meno lugubre di quello romano: scale e corridoi sono più puliti e luminosi. Non sono più rinchiuso in una cella comune, mi è stato concesso un piccolo spazio che non devo dividere con nessuno e da cui posso ammirare la chiesa di Santa Croce e il Duomo. Ma a cosa mi serve se non sono libero? Mi hanno dato carta e penna e, benché la carta sia intestata alla Direzione delle Carceri di Firenze, per la prima volta da tanto tempo mi sento nuovamente un essere umano. Faccio scorrere sul foglio la punta smussata di una matita e sfogo la mia rabbia contro quel porco di Klinger: l'ho sempre aiutato, gli ho proposto incarichi interessanti, anche finanziariamente, e lui non ha esitato a convincere Welti a sporgere una denuncia contro di me. Gli scrivo che è una carogna, un calcolatore freddo e bastardo, un fetente mascalzone! Mi procurerò della polvere da sparo, gli sparerò nelle coste, perché è ciò che si merita quel maiale. Poi scriverò una lettera anche a Emilio e lo sfiderò a battersi in duello con me, ammesso che ne abbia il coraggio.

Scrivere mi fa bene, la mia rabbia sbollisce, un debole sorriso spunta sul mio viso tormentato. Dove sei, Lidia? Sempre rinchiusa in manicomio? Se fossi costretta a pagare con la vita l'amore che mi porti, ricordati che ti amo appassionatamente!

Ti dedico questa poesia, da leggere soltanto se tutto dovesse andare veramente male.

Mentre scrive Carlo è molto agitato. La sua mente balza qua e là ed egli tenta di distendersi, ma le forti tensioni che ha dentro di sé glielo impediscono.

E se tu morirai nel tuo incubo assurdo
allora ti costruirò un bel monumento
in un boschetto oscuro in cima a una montagna.
Voglio stare con te anche nella morte,
metterò una corona di rose sul tuo sarcofago di marmo
e quando la luna sorgerà silenziosa sulla montagna
tu scivolerai lievemente dalla tua tomba
e mi bacerai a lungo silenziosamente,
mentre dalla tua fronte cadranno gocce di sudore mortali.

Poi tornerai nella tua fredda tomba e ti accorgerai che
la pietra pesante è fratturata
e attraverso la prima fessura
potrà sempre entrare l'amore.

CAPODANNO 1890
Bienne

La neve cade silenziosa sulla città. Come petali biancoazzurri i fiocchi svolazzano sotto i lampioni, transitano dalle finestre e si posano minuti sui muri delle case. La signora Stauffer e due delle sue figlie sono a letto con l'influenza, le altre due stanno preparando il piccolo aperitivo di Capodanno.

– Sarà un Capodanno senza distrazioni e senza allegria – si lamenta la sorella minore.

– Certo, se rimarrai a casa tutta la notte a rimuginare su Carlo... Io partirò da qui dopo l'aperitivo. Voglio festeggiare Capodanno con il mio fidanzato, ho bisogno di distrarmi e di vedere un po' di gente – replica Sofia.

Le due sorelle stanno affettando dei cetrioli; la lama dei loro coltelli illumina gli ortaggi a ogni taglio.

– Come puoi pensare di divertirti, mentre nostro fratello è in prigione... Non hai un pizzico di sensibilità.

– Voglio bene a Carlo come gliene vuoi tu, ma non è ripiegandoti sul tuo dolore che risolvi qualcosa. Rischi di esaurire le energie prima del tempo.

Secondo Ada la vita è come un grande teatro, bisogna saper recitare e comportarsi come un animale felice e senza memoria. Ma lei non lo sa fare.

– Beata te che riesci a divertirti. Sembri così distaccata da essere quasi di buonumore.

– Quanto puoi essere complicata...

Le ragazze preparano triangoli scuri di melanzane, fettine di pane e foglie d'indivia. La signora Stauffer si alza dal letto per controllare il loro lavoro. Indossa una vecchia camicia da notte color mandarino, che avrebbe potuto vincere a una fiera. Si rimbocca le maniche, come se non sentisse il freddo.

– Avete dimenticato il formaggio di capra e le noci tritate.

– E dove dobbiamo metterle?

– Sui gambi dell'indivia. È un lavoro che richiede attenzione, ma se continuate a chiacchierare...

Fuori è quasi buio. Un tappeto di neve ricopre la legna accatastata fuori e sigilla la casa, imprigionandone il calore. Edo è andato a fare provviste di sale, olio da lampada e spezie e sta per arrivare a casa. La sua carrozza corre sulla neve caduta di fresco, i fiocchi turbinano fiaccamente attorno ai fanali accesi. Quando la vettura raggiunge l'ingresso, Edo tossisce. In cucina gli fa eco la tosse vecchia e lunga della madre che, nel vederlo arrivare, corre a vestirsi.

Le ragazze aiutano il fratello a portare in casa gli acquisti; i loro passi muti sono assorbiti dalla neve, che disegna una cresta bianca sulla cesta delle provviste.

La madre febbricitante aspetta il figlio in soggiorno. Nonostante il locale sia ben riscaldato, ora si copre le spalle con uno scialle.

Dalle ultime lettere di Carlo tutti in casa temono per la sua salute mentale. Edo ha voluto affidare la difesa del fratello a un avvocato, che tuttavia ha sconsigliato di sottoporlo a una visita psichiatrica. Finora, infatti, i Welti non sono riusciti a dimostrare la pazzia di Lidia e comunque nessuno può dire in quale stato si trovasse al momento del fatto. Secondo l'avvocato dovrebbe quindi essere possibile costringerli a ritirare la denuncia. Se però fosse Carlo a essere diagnosticato pazzo, i Welti potrebbero sostenere che la sua liberazione sia avvenuta unicamente a causa della sua malattia mentale e non per l'infondatezza della loro accusa.

La madre non ci capisce più niente ma teme che il figlio non riesca a sopportare più a lungo lo stato di estrema tensione a cui è sottoposto.

– Non preoccuparti, mamma, la sua liberazione potrebbe avvenire presto. A partire dall'anno prossimo, vale a dire tra poche ore, verranno modificate alcune importanti leggi carcerarie e i prigionieri avranno la possibilità di essere liberati su cauzione. Non so quale sia la somma richiesta per la sua liberazione, ma qualunque sia, quei soldi li faremo saltare fuori!

Edo ha da poco aperto uno studio, ma sempre più spesso è costretto a trascurarlo a causa di suo fratello, che gli sta portando via molta energia. Le entrate contrariamente alle spese diminuiscono, e gli Stauffer sono finanziariamente dipendenti dall'ufficio e non dispongono delle inesauribili risorse dei Welti.

– Se Carlo verrà scarcerato, voglio che sia curato a Berna, nella clinica Waldau di mio fratello – dichiara la madre.

Edo si stringe nelle spalle e annuisce, cercando di nascondere il proprio sconforto.

In casa Stauffer nessuno ha voglia di festeggiare, eccetto Sofia, che è uscita con il suo fidanzato. Si sposeranno in primavera, il futuro genero piace alla mamma, dice che è un bravo ragazzo di cui ci si può fidare.

Ada è in cucina a rigovernare. Avrebbe potuto uscire con le sue amiche, la mamma glielo avrebbe permesso. Le occasioni per divertirsi sono poche e forse avrebbe dovuto approfittarne. Ha ventidue anni e molti pretendenti, di cui uno che le piace: non è un eroe greco, di quelli grandi, alti e possenti, al contrario è piccolo e magro e ha le gambe storte, ma è profondo nel pensiero e le ispira fiducia. Avrebbe potuto allontanarsi con lui a passo di danza, ma un sentimento istintivo di delicatezza e di empatia verso suo fratello non gliel'ha consentito. Così, mentre sua sorella, trascinata dalla passione e dalla musica, batte i suoi tacchi esperti con ritmo staccato e si tiene stretta al suo uomo, Ada pensa a Carlo costretto a languire in prigione.

– Hai forse risolto qualcosa rimanendo a casa? – le avrebbe detto Sofia, se al suo rientro l'avesse trovata ancora alzata. Per evitare che ciò accada, Ada decide di andare a coricarsi prima di mezzanotte.

Berna

Anche il Consigliere federale non festeggia Capodanno.

È già buio quando posa il giornale e rimane in piedi, volgendo la schiena alla finestra chiusa. Solleva le larghe spalle, le tiene così un istante, poi le lascia cadere e getta un'occhiata di desolazione alla moglie, sempre lì, seduta in poltrona, che da sotto la curva delle sue sopracciglia sottili, leva verso di lui i suoi occhi pallidi, che hanno la fissità tragica di una barra di ferro.

L'estate precedente la signora Welti, in un momento di follia, ha tentato di accoltellare diverse persone e ha dovuto essere ricoverata nella clinica psichiatrica Waldau, a Berna. Da allora se ne sta per ore in silenzio, sulla sedia a dondolo, senza fare nulla. I medici sono fiduciosi – si riprenderà, è solo questione di tempo – assicurano, ma il Consigliere federale comincia a nutrire qualche lecito dubbio.

Si aspettava di trascorrere diversamente i pochi anni che gli restano da vivere! Anche la questione Stauffer non sta andando come ha previsto; con il cambiamento della legge carceraria, Carlo potrebbe essere liberato su cauzione e questo sarebbe un disastro.

Prima che la domestica serva la cena il Consigliere federale decide di fare due passi. In pochi minuti raggiunge il Belvue, uno degli alberghi più antichi e distinti di Berna, e scende giù per un viale che costeggia l'Aar. Il fiume è compatto, l'acqua verde ghiaccio mormora parole oscure che nessuno capisce. Il sentiero innevato si estende come una fitta coperta di velluto lungo gli argini del corso d'acqua, intrisi di ghiaccio. Emil cammina spedito, respirando con voluttà l'aria umida e pungente, e intanto riflette sugli ultimi avvenimenti. Non capisce perché nessuno sottoponga Stauffer a un attento esame medico. Le autorità giudiziarie non possono mettere in libertà un uomo malato, che ha minacciato di morte i suoi persecutori ed è intenzionato a disporre di un patrimonio che non gli appartiene. Oltretutto, una volta libero, rischia di non rispettare la legge della «sottomissione» e di non mettersi a disposizione dell'autorità competente, fino al pronunciamento della sentenza.

Il Consigliere federale ha le sopracciglia aggrottate e l'espressione cupa e parla ad alta voce. In giro non c'è nessuno. – È una cauzione ridicola! Se il Tribunale di Firenze dovesse decretare la sua libertà provvisoria, Carlo potrebbe viaggiare senza problemi in tutta la Svizzera e ne andrebbe di mezzo la credibilità della mia famiglia. Raccoglie un po' di neve e in un accesso di rabbia la scaglia con violenza sul sentiero.

Lo scenario bianco contrasta con l'oscurità della notte. I tronchi più vicini sembrano uomini trasformati in alberi che sollevano silenziosamente le loro braccia di legno coperte di neve e si riflettono nello specchio del fiume liscio come vetro.

Emilio rabbrividisce al vento che spazza gli ultimi fiocchi. Poi gli viene in mente che la moglie e la domestica lo stanno aspettando per il cenone di Capodanno.

Firenze

È Capodanno e anche oggi sono solo, rinchiuso nella mia cella. Attraverso la grata della prigione vedo Piazza Michelangelo. È piena di gente allegra che si diverte con esuberante vivacità; tutto là fuori sembra possibile, tutto è alla loro portata, sono liberi e vivono! Festa grande, festa gioiosa, bambini, colori, amori… le ruote di una carrozza cigolano sulla strada, il cigolio è soffocato dalle note di un cembalo e di una fisarmonica, e tutto passa nella notte e la vita si consuma troppo in fretta, e i miei pensieri si confondono e il mio sangue è pieno di spine… Il carcere mi ha trasformato in uno scrittore, qui ho scritto questo libretto, qui ho il tempo di riflettere sui numerosi peccati che ho commesso e che ancora, se Dio lo vorrà, commetterò. Chi ama molto sarà perdonato; mi auguro che Dio voglia giudicarmi in base alla sua misericordia e non in base alla sua severità, e dal momento che la sua bontà è illimitata, non appena sarò fuori di qui, riprenderò a peccare allegramente. Bisogna peccare finché è giorno e non aspettare che venga la notte, quando non saremo neppure più in grado di commettere peccato. Amen.

Mi vien da ridere se penso alle uova marce che mi getterete in faccia, dopo aver letto la mia preghiera, voi, piccoli borghesi, presunti guardiani di virtù. Vi faccio notare che tra i vostri pettegolezzi e Roma Dio ha creato un muro, le cosiddette Alpi: vi sfido a gettare le vostre putride uova dall'altra parte del muro; se malauguratamente una di esse dovesse colpirmi, il mare è vicino e contiene abbastanza acqua per lavarmi. Ma cosa vi sto dicendo, non me ne può fregar di meno di voi e delle vostre fottute uova: fate pure ciò che più vi pare e piace, di voi non mi importa un accidente!

Ciò che non vuoi sia fatto a te, fallo a qualcun altro, ah, ah, ah!!

Concludo i miei pensieri dedicandoti una poesia, Lidia.

Quando finalmente il mio cuore riposa in te
e quando si calma il mio ardore
ecco che appaiono le fiamme, a lungo trattenute
e i nostri cuori si fondono insieme.
Nella nostra felicità nuotiamo come
salamandre nelle fiamme.
Come salamandre, infatti, abbiamo vissuto nel fuoco
e più nessuno potrà separarci!

A questo punto delle sue riflessioni Carlo è assalito da una grande paura.

Niente si muove qui, parenti e amici tacciono, i giorni già trascorsi in prigione si confondono con quelli che sto vivendo: e se fossi destinato a marcire in questa maledetta cella? Non è possibile che le mie parole scorrano via senza lasciar traccia! Se il mondo è sordo, se non esiste neppure un piccolo frammento di solidarietà, un briciolo di calore e di fratellanza su questa terra, allora mi aiuterò da solo. Dal momento che fino a oggi parenti e amici non sono riusciti a farmi uscire da quest'inferno, chiederò aiuto ai conoscenti. Mi rivolgerò ad Adolfo Hildebrand, uno scultore tedesco che vive qui. Ci conosciamo superficialmente. Prima che Lidia si trasferisse a Firenze con suo marito, sono stato ospitato a casa sua, ricordo ancora il nome della via in cui abita. Gli parlerò della mia terribile e assurda situazione e gli domanderò di aiutarmi.

Berna, 3 gennaio 1890

Ada richiude l'uscio alle spalle e se ne va, con la sua bellezza e la sua vitalità. Gottfried Keller, pallido e sottile come un cartone, rimane in piedi nella stanza a guardarla, mentre si allontana, saltando da una pozza all'altra per non bagnarsi i piedi nelle scarpe troppo leggere per la stagione. Tutto in lei è fresco e sa di primavera. Benchè le notizie appena ricevute non siano rallegranti, la sua naturalezza e la sua spontaneità lo mettono di buon umore. Durante le sue brevi visite, lo spirito dello scrittore riesce a minimizzare i segnali di pericolo del suo corpo malato e ciò lo fa sentire di nuovo fisicamente padrone del suo destino.

Non appena Ada sparisce dal suo orizzonte, Keller richiude la finestra e risprofonda nel letto. Poi si gira sulla schiena e fissa il soffitto, scalfito dalla luce di una giornata piovosa, e riflette su quanto gli ha riferito la ragazza.

La lentezza della procedura e il continuo rinvio della causa stavano rischiando di mettere a dura prova i nervi del pittore, ma la diagnosi di una malattia mentale sarebbe stata anche peggio e avrebbe rinviato la sentenza alle calende greche, ostacolando il processo. Per fortuna, proprio quando sembrava che Carlo fosse spacciato, salta fuori questo Hildebrand, questo scultore tedesco domiciliato a Firenze, pronto a pagare le 300 lire di cauzione per la sua liberazione. Un vero colpo di fortuna!

Lo scrittore reprime un moto di sollievo. A lungo ha temuto che la sofferenza e l'ingiustizia subite avrebbero danneggiato in modo irreparabile la sensibilità del giovane pittore. Se ora però le cose avessero preso la piega giusta, Carlo avrebbe potuto ancora salvarsi.

Keller chiude gli occhi e nel dormiveglia lo vede camminare spavaldo lungo le strade affollate della città e gridare ai passanti di essere libero, non più costretto a sottostare a restrizioni e limitazioni. Ma il mondo a malapena si accorge di lui, la libertà per la gente è una cosa ovvia e naturale.

Il poeta si sveglia per il solito dolore al petto, come se gli avessero appoggiato sopra una pietra tagliente. Nella stizza del sonno interrotto, riapre gli occhi, ma li richiude subito e riprende a pensare al racconto di Ada.

A Firenze Carlo trascorre la sua prima giornata di libertà a casa dei signori Hildebrand, in un letto morbido, avvolto in un piumino di piume d'oca, in netto contrasto con le assi dure e sporche del carcere. Senza quelle stupide manette che gli stringevano le mani impedendogli di muoversi e pieno di riconoscenza nei confronti di chi lo ospita, si addormenta, compiacendosi che in questo mondo ci sia ancora chi ha compassione e prova solidarietà, e che da qualche parte vivano ancora degli esseri umani.

Al suo risveglio, dopo settimane di inattività e di privazioni, Stauffer non riesce a stare fermo e prova una gioia quasi selvaggia di fronte alle ricchezze e alle gioie del mondo. Una forza incontrollata e pericolosa lo spinge all'azione, è soprattutto ansioso di togliersi quei vestiti che puzzano di galera e muore dalla voglia di fumare qualcosa di buono. Con i soldi prestatigli da Hildebrand si compra un abito nuovo e dei sigari, poi si ferma in una pasticceria, dove inizia a mangiare le paste ancora prima di averle pagate. La sera, all'angolo della strada, si imbatte in certe donnette di facili costumi e gli viene un irrefrenabile desiderio di andare a letto con loro: il grembo di una donna rappresenta l'unico luogo dell'universo dove gli sarebbe possibile dimenticare l'inferno subito. Ma poi gli viene in mente Lidia e, convinto che si trovi in un albergo di Firenze, si mette a cercarla disperatamente. Camminando spedito per le vie della città si accorge di essere seguito. Una figura lunga e dritta come una tavola si profila in lontananza, poi si avvicina e quando l'ha quasi raggiunto, sparisce, per ricomparire poco dopo. Deve trattarsi di una guardia o di un poliziotto in civile, sembrano gli stessi uomini che lo hanno tallonato a Roma, poco prima del suo arresto.

Carlo non sa che il pedinamento è organizzato ancora una volta dal ministro elvetico di Roma, per volere del Consigliere federale, ma lo intuisce. Più che proteggere se stesso e gli altri cittadini da un prigioniero violento, messo in libertà provvisoria, Welti intende destabilizzare il già precario stato psichico di Carlo e ci sta riuscendo.

Nella fantasia di Stauffer le figure e le ombre si moltiplicano e vagano in tutte le direzioni. Personaggi immaginari, con il viso nascosto da un cappello a tesa larga, o ombre lunghe e storte, simili a frati travestiti, si aggirano agli angoli delle strade. Fantasmi minacciosi, come quell'ombra particolarmente scura che si staglia sul fondo chiaro della notte, lo fa correre in direzione dell'Arno e poi si ferma e cade nell'acqua, facendosi inghiottire. Oppure quella figura con parvenze umane che lo attende su una collina, nascosta dietro a un macigno, un arbusto solitario che si fa passare per un umano.

Carlo non vuole approfittare più a lungo dell'ospitalità degli Hildebrand e si rifugia in un alberghetto a buon mercato, a forma di rettangolo, proprio alla maniera di un penitenziario, dietro a un vicolo scuro. Di notte dorme poco, pur essendo stanco e provato. La sua testa, vuota di idee, è piena soltanto di fantasmi. Un giorno i suoi sorveglianti, vicini di stanza, dimenticano le loro chiavi nella serratura esterna delle porte. Carlo prende la palla al balzo, chiude le porte a doppia mandata, si impossessa delle chiavi e le getta nell'Arno. Adesso è libero, nessuno gli romperà più le scatole. Scoppia in una fragorosa risata, la sua euforia è alle stelle. Quella sera al suo ritorno in albergo le porte delle stanze sono spalancate, il portinaio gli sorride beffardo mentre si gingilla soddisfatto con le chiavi di riserva. A questo punto Stauffer non ci vede più dalla rabbia: ce l'ha con il portinaio, con Emilio, con il Consigliere federale e con tutti quelli che hanno orchestrato il suo arresto. Come una furia comincia a menare le mani contro chi gli capita a tiro. Il portinaio ha la peggio. Un colpo violento lo colpisce al petto, facendolo balzare indietro. Carlo ne approfitta per prenderlo alla gola e lo strangolerebbe se una cameriera non desse tempestivamente l'allarme. All'arrivo delle forze dell'ordine il pittore si scaglia addirittura sugli agenti, riuscendo a stenderne tre. Volano pugni e calci, finché i poliziotti gli mettono una camicia di forza e, senza tanti complimenti, lo conducono in manicomio.

Lo scrittore prova a girarsi nel letto. Resta sul fianco, ma non è comodo. Ancora quel dolore al petto, questa volta chiama Maria e si fa portare una pastiglia.

Firenze, Santa Maria della Pietà, 19 gennaio 1890

Tra gli alti cipressi biancheggia un edificio dai muri di pietra accuratamente tagliata, con finestre e balconi simmetrici che ricordano le belle case di campagna del XVII secolo. Da uno di questi balconi tondeggianti si vede tramontare il sole. Il dottor Rinaldo Roseo, perito di medicina giudiziaria, guarda a lungo fuori, senza dire una parola, prima di rientrare nel suo studio, dove lo attende il collega De Pedys.

– L'accusa di stupro di una malata di mente non mi convince. Per quel poco che conosco la signora Welti, mi dà l'impressione di essere una donna in perfetta salute, ma ne riparleremo dopo l'interrogatorio di domani. L'importante è non lasciarci influenzare dal verdetto dei dottori Fiordispini e Schafelbühl. Tra l'altro quest'ultimo è direttore di una clinica psichiatrica svizzera ed è amico del Consigliere federale, al quale deve la sua nomina.

Il dottor De Pedys è già sulla soglia della porta, pronto ad andarsene.

– Non escludo che l'atto d'accusa sia un'invenzione di Welti per giustificare in qualche modo l'umiliazione subita dal figlio...

I due colleghi si prendono sottobraccio, attraversano il corridoio e raggiungono il parco dell'ospedale, ancora sorprendentemente animato: è appena arrivata una carrozza con una nuova paziente, un'aristocratica di nobilissime origini, e le infermiere indaffarate corrono avanti e indietro come formiche. Fuori soffia un vento tiepido, troppo caldo per la stagione. Da qualche parte sopra la clinica psichiatrica, sopra gli alberi, sopra il cielo, nei boschi e nei campi, sono dischiusi i profumi e i colori della primavera, per il momento ancora lontana.

Il mattino seguente il dottor De Pedys e il dottor Roseo convocano la signora Welti nel loro studio, dove intendono porle qualche domanda prima di considerarne gli aspetti somatici, fisiologici e psicologici.

Lidia entra nella stanza con il volto perfettamente calmo, forse appena un po' più risoluto del solito. Ansiosa di rispondere alle loro domande, rifiuta l'offerta di bere qualcosa.

Mi dica due parole riguardo i suoi antenati e i membri della sua famiglia e mi parli delle sue malattie infantili.

Mio padre, Alfred Escher, studiò diritto e a soli venticinque anni diventò sindaco di Zurigo. Ideatore della galleria del San Gottardo, trattò con Bismarck e con Vittorio Emanuele. Fondò il Credito Svizzero. Per cinque volte fu eletto Presidente del Parlamento... Inutile dire che non ha mai sofferto di turbe psichiche.

Mio nonno paterno faceva il commerciante a Parigi e la nonna, l'aristocratica Lidia Zollikofer, era una signora elegante e un po' nervosa che, come tutti i membri della nostra famiglia, era dotata di un'intelligenza che si potrebbe definire superiore alla media. L'albero genealogico paterno risale al tredicesimo secolo e non mi risulta che qualcuno abbia mai sofferto di una qualsiasi malattia psichica e neppure di stati di isterismo tali da comprometterne le facoltà mentali.

Mia madre, la signora Augusta Uebel, morì a soli venticinque anni di tubercolosi. Era figlia di un ufficiale dell'esercito reale di Berlino e della baronessa Geiger. Anche i nonni di mia madre erano sani. La mia bisnonna materna, la baronessa Kalb, moglie del primo ministro della Sassonia, ebbe una relazione con Goethe durante la permanenza dello scrittore in Sassonia. Non per questo Goethe fu rinchiuso in prigione, né tanto meno lei fu dichiarata pazza.

Mi parli dell'educazione che le hanno dato i suoi genitori.

All'età di quattro anni ricevetti le prime lezioni private, ma l'insegnante valeva poco e non imparai niente. A sei anni persi mia madre e la mia sorellina e andai ad abitare presso la nonna materna, vedova di un ufficiale caduto in Algeria. Mia nonna era una donna molto intelligente e poco religiosa. Morì tra le mie braccia quando avevo solo nove anni. Tornai ad abitare da mio padre, che assunse un'educatrice che si occupasse di me.

Dai sei ai quattordici anni frequentai una delle migliori scuole di Zurigo; tra gli insegnanti c'erano anche professori universitari. Oltre alla mia lingua materna imparai il francese e l'inglese, ma non l'italiano. Frequentai corsi di musica, disegno e religione. Compiuti i quattordici anni fui mandata in un istituto a Karlsruhe e messa in una classe di ragazze diciottenni, perché tra le mie coetanee ero sempre la migliore. Quando un anno più tardi tornai a casa, mio padre mi spronò a continuare gli studi con professori privati. Da quel momento mi considerò un'amica e mi riconobbe il diritto di aiutarlo nei suoi affari.

Ci racconti di lei, di suo marito e dei sentimenti che prova o ha provato nei suoi confronti.

Sono nata il 10 luglio 1858 e, da quanto mi è stato riferito, sono sempre stata una bambina sana e vivace. Alla morte di mio padre, otto anni fa, ho sentito un grande vuoto; andavamo d'accordo, ci intendevamo bene e ci stimavamo reciprocamente. Forse lo idealizzavo un po' troppo e questo ha influito sulla scelta dell'uomo che sarebbe diventato mio marito. Non mi interessavano gli uomini che possedevano milioni, ero attratta da chi era dotato, come mio padre, di una grande forza di spirito.

Ammetto di non aver mai provato, né per mio marito né per nessun altro, quell'amore esclusivo e intimo che provano di solito gli innamorati. Lo dissi anche al signor Stauffer: mi seducono cose più elevate e più nobili. Da qui la mia attrazione per il genio, sia egli un pittore come Raffaello o un uomo di Stato come Cavour. Ovviamente, in quanto donna, sono attratta da un corpo maschile ben fatto, ma anche da una mente acuta e geniale. È difficile trovare un uomo che possieda entrambe queste qualità, per lo meno io non l'ho mai incontrato. Di Stauffer ammiro lo spirito e la genialità, ma il suo corpo non mi è mai parso perfetto e mio marito, dal punto di vista estetico, è indubbiamente più bello di lui. Emilio è un uomo retto e onesto e fa parte dell'alta società, ma non è certamente un genio. Con ciò non voglio dire che sia stupido, al contrario, tra tutti i ricchi banchieri che mi hanno fatto la corte, lui era forse il più intelligente. Però, e scusate se mi ripeto, egli non possiede lontanamente la genialità di spirito di mio padre e di Stauffer.

Non crede che la sua tendenza a voler ammirare nell'uomo soprattutto lo spirito sia un'idea fissa?

Può darsi, ma non è sicuramente l'idea di una pazza.

Mi parli di Carlo Stauffer e della vostra relazione.

Sentii parlare di lui per la prima volta dal ministro svizzero di Berlino.

– Voi svizzeri dovete essere fieri di avere un grande artista come Carlo Stauffer – mi disse e mi mostrò alcune riviste artistiche che lo paragonavano ai pittori barocchi Rembrandt e Van Dyck.

Nell'estate del 1984 visitammo l'Esposizione Nazionale di Zurigo e fui colpita da un autoritratto, firmato Carlo Stauffer. Mio marito mi disse di conoscere l'autore del quadro, che era stato un suo compagno di scuola.

Nello stesso periodo Carlo tornò in patria perché era morto suo padre. Durante il suo soggiorno in Svizzera colse l'occasione per ritrarre i due più grandi scrittori svizzeri viventi: Ferdinand Meyer e Gottfried Keller. Le riviste d'arte, e non solo quelle locali, cominciarono a parlare di lui e a lodarne la straordinaria capacità ritrattistica. Colpì il fatto che riuscisse a fare dei ritratti anche sotto forma di incisioni e senza prima fare il disegno. Un giorno mio marito lo invitò al Belvoir e me lo presentò. Percepimmo subito una reciproca simpatia e mentre conversavo con lui mi resi conto di quanto vasti fossero i suoi orizzonti. Avevamo gli stessi interessi, ci emozionavamo davanti alle medesime cose, bastava che iniziassi a recitare una poesia che lui subito la completava, recitandone il seguito. Anch'io dovevo avergli fatto una buona impressione, perché chiese a mio marito di poter tornare a farci visita. A partire da quel giorno tornò regolarmente al Belvoir e le sue visite furono sempre più lunghe, finché una mattina partì all'improvviso per Berlino, perché chiamato a fare da testimone a un processo. L'accusato, un certo Graef, era un famoso pittore tedesco che aveva chiesto a una ragazzina di posare nuda per un ritratto. L'uomo aveva abusato sessualmente di lei, una fanciulla più giovane di lui di ben 58 anni! A Berlino e nel resto della Germania ci si chiedeva se gli artisti avessero o meno diritto a una sensualità che andasse al di là delle leggi borghesi e morali. Le opinioni divergevano. Stauffer si schierò dalla parte dei contrari e in una lettera alla madre scrisse che, benché dispiaciuto per il pittore, se fosse stato un giurato lo avrebbe condannato. Graef fu assolto per mancanza di prove e messo in libertà, ma fu respinto e disprezzato dall'alta società e terminò i suoi giorni in miseria, abbandonato e dimenticato da tutti.

Da Berlino Carlo mi scrisse la sua prima lettera e, tra le altre cose, mi parlò anche del processo. Disse di ammirarmi per il mio comportamento morale, così diverso da quello delle altre donne. Iniziammo a scriverci regolarmente. L'estate successiva tornò al Belvoir perché voleva farmi un ritratto e trascorse sei settimane a casa nostra. Eravamo sempre insieme, anche quando terminava di lavorare, e mio marito lo permetteva. Durante tutto il tempo che trascorsi sola con lui non mi fece mai alcuna dichiarazione d'amore, era rispettoso nei miei confronti, come avesse timore di avvicinarsi a me. Tornò a Berlino perché incaricato di dare lezioni di disegno a giovani ragazze, tra cui c'era la sua allieva preferita, Cornelia Wagner. Il nostro scambio epistolare si intensificò. Mi esponeva le sue grandi idee, mi parlava della rivoluzione artistica che intendeva avviare e mi raccontava dei libri che leggeva. Mostrai sempre tutte le sue lettere a mio marito e non mancai di fargli leggere anche le mie risposte.

Nell'autunno del 1888 io e mio marito cominciammo a maturare l'idea di trasferirci in Italia, almeno durante la stagione invernale. Stauffer, per numerose ragioni che non starò a elencare, era stufo di Berlino ed espresse il desiderio di venire con noi per studiare le numerose opere d'arte del Bel Paese. Mio marito, sempre molto generoso, gli propose di trasferirsi in Italia a nostre spese, a condizione che ci consegnasse tutte le opere che avrebbe prodotto durante il suo soggiorno. Carlo accettò la sua proposta e decise che sarebbe andato a vivere a Roma. Prima della sua partenza fece ancora un ritratto a olio al Consigliere federale e a sua moglie.

Ci scrivevamo fino a due volte la settimana, le sue lettere potevano essere lunghe anche trenta pagine. Le feci leggere ad alcuni miei amici di Zurigo, persone colte e intelligenti; le mostravo volentieri, perché contenevano idee nuove sulla cultura ed erano ben scritte. Le mie risposte erano più contenute, mio marito non era immune dalla gelosia. A volte cambiavo delle parole o delle frasi perché temevo potessero dispiacergli.

Il giorno dopo il nostro arrivo a Firenze mio marito si assentò. Doveva andare urgentemente a trovare dei parenti a Livorno e pregò Stauffer di rimanere accanto a me fino al suo ritorno. Andammo a visitare la Certosa, nota per la sua interessante architettura. Fu una gita culturale, parlammo di arte e ci scambiammo le nostre rispettive impressioni. A quel punto intuii che si era innamorato di me, ma continuava a rispettarmi. Diceva di non trovarmi bella, ma di sentirsi attratto dalla mia intelligenza. Mi comportavo con lui in modo piuttosto distaccato: al di fuori del suo talento artistico non ero particolarmente attratta da lui!

Tornammo in albergo dove ci raggiunse mio marito. Quella sera ero ancora convinta che non lo avrei mai tradito.

Come immagina il suo futuro sentimentale?

Non voglio avere figli. Non è sempre detto che da uomini geniali nascano figli altrettanto dotati, anche se è possibile. Napoleone I, Cromwell e Goethe hanno avuto figli particolarmente intelligenti, ma non credo sia una questione genetica. Non so se Carlo desiderasse un figlio, ma sono sicura che fece l'amore con me perché mi voleva bene. Se non fosse così, se avesse agito per interessi finanziari o materiali, non lo perdonerei e non lo rispetterei più come uomo, anche se continuerei a stimarne la genialità.

Difficile dire come immagino il mio futuro. Non so cosa mi riserbi il destino e quindi non posso sapere cosa farò. Credo che non tornerò in Svizzera e in ogni caso non farò niente per riconciliarmi con mio marito, perché sono troppo orgogliosa.

Nell'ammirazione che una donna può provare per un uomo non è possibile separare lo spirito dal corpo, per questo, quando sono fuggita con Stauffer, dal momento che la legge consente il divorzio, non ho escluso il matrimonio.

Lidia tace un momento prima di aggiungere: Qualcuno mi disse che un'amicizia tra uomo e donna è impossibile e io condivido questa opinione.

Mi parli delle cure a cui si è sottoposta in Svizzera prima di trasferirsi in Italia.

In Svizzera fui curata dal dottor Schaufelbühl, amico di mio suocero, a cui deve la sua nomina. Non mi stupirebbe se mi avesse dichiarata malata di mente per contraccambiare il favore ricevuto. In ogni caso vi assicuro di sentirmi bene e di non essere pazza e, ammesso che ve ne fosse bisogno, vi ripeto di non essermi in nessun modo pentita di ciò che feci quella notte.

Pochi anni dopo il mio matrimonio cominciai a soffrire di insonnia. Avevo sopravvalutato le mie forze: le tensioni nella conduzione dell'economia domestica, le numerose ore trascorse a suonare il pianoforte per non deludere un insegnante particolarmente esigente e il tempo trascorso sopra i libri mi avevano esaurita. Per aiutarmi mio marito interpellò il dottor Schaufelbühl che, dopo avermi dato non più di una veloce occhiata, mi consigliò dei bagni termali a Baden. Mi fecero bene, ma credo che fu piuttosto la lontananza dalle responsabilità e dagli impegni quotidiani che mi fece ritrovare il sonno perduto. Poche settimane dopo il mio rientro a casa, infatti, i problemi di insonnia si ripresentarono. Tornai di nuovo dal dottor Schaufelbühl che, questa volta, disse di trovarmi in ottima forma. Fu l'ultima volta che mi visitò. Non credo veramente che mi conosca abbastanza bene per poter esprimersi sul mio stato mentale. Mi conosceva più per quello che gli riferiva di me Matilde, la sorella di mio marito, oltretutto gelosa di me perché avrebbe voluto sposare Stauffer.

Imparai a convivere con l'insonnia, ma pensai che un cambiamento di clima avrebbe potuto giovarmi e per questo volli trasferirmi in Italia.

Rividi il dottor Schaufelbühl poco prima di Natale, in questa clinica psichiatrica. Mio marito mi disse che sarebbe venuto a trovarmi come amico di famiglia e non in qualità di medico. Il dottore si finse sorpreso di vedermi qui e mi chiese cosa ci facessi in mezzo ai pazzi. In buona fede gli raccontai di come il dottor Neuhaus mi avesse ingannata, di come fosse venuto a trovarmi in convento, dove mi ero ritirata per rimanere sola, e di come mi avesse promesso di accompagnarmi nella villa Tasso, mentre invece mi aveva condotto in manicomio. Gli parlai del mio primo risveglio nella casa di cura, quando una paziente entrò di soppiatto nella mia stanza e mi saltò addosso con l'intenzione di strangolarmi, urlando come un'aquila che le avevo ucciso il suo bambino.

Il dottor Schaufelbühl mi ascoltò con molta pazienza, come uno psicanalista ascolta una sua paziente, senza cercare di discutere. Poi mi rivolse una domanda personale, che non aveva niente a che vedere con quanto gli avevo appena raccontato, e mi chiese se intendessi sposare Stauffer. Ritenni la domanda troppo personale ed esitai a rispondere, ma alla fine cedetti alle sue insistenze e ammisi che l'idea di sposarmi con lui mi era venuta, anche se, con il senno di poi, mi ero resa conto che avrei commesso una stoltezza. I grandi uomini non possono assumersi simili obblighi, molto spesso essi trovano la loro ispirazione nell'amore libero, come De Musset con Sand, Byron con la Guiccioli, Goethe con la mia bisnonna e Liszt con la signorina Wittgenstein. Il matrimonio avrebbe soffocato queste passioni, lo spirito di questi uomini si sarebbe raffreddato e avrebbe finito per spegnersi. No, ripensandoci non avevo intenzione di sposare Stauffer. Per quanto riguardava il mio futuro avrei aspettato con calma ciò che mi avrebbe riservato il destino.

Il medico non commentò le mie riflessioni e abilmente cambiò argomento. Mi parlò di Stauffer, disse che in carcere aveva scritto un diario pieno di idee eccentriche e folli. Gli lasciai credere di essermi convinta che fosse impazzito e non lo contraddissi, sicura che in una simile circostanza le autorità giudiziarie gli avrebbero concesso la libertà.

È un dato di fatto che persone geniali ed eccentriche possano dare l'impressione di essere qualche volta un po' pazze. E lo stesso dottor Schaufelbühl mi aveva confermato che Stauffer era un genio.

Ci metta al corrente del vostro grande progetto.

Stauffer ebbe l'idea di costruire un grande tempio sul mare, come avevano fatto gli antichi greci, e lo progettò fin nei minimi dettagli. Voleva anche pubblicare un prezioso volume grafico contenente le sue produzioni artistiche e quelle di Klinger e della Wagner. Mio marito era convinto che la costruzione di un tempio da parte di un noto artista svizzero avrebbe arricchito culturalmente il nostro Paese, secondo me invece l'Arte non deve avere una patria, ma essere internazionale, perché appartiene ai cittadini del mondo.

Eravamo entrambi disposti a sostenere finanziariamente il progetto di Stauffer, partecipando con un milione di franchi agli investimenti. Carlo era entusiasta e voleva sottoporre le nostre idee al Papa. Se il Papa avesse a sua volta appoggiato il progetto, avremmo potuto restaurare un importante monumento artistico e storico in Grecia o in India.

D'accordo con mio marito stesi un protocollo ed esposi i nostri progetti, specificando come volevamo fosse speso il nostro denaro. Carlo si congratulò per il mio lavoro dicendomi – Sei una donna intelligente e favolosa e sei l'unica, fra le tante che ho conosciuto, che sa tenermi testa e che sono costretto a rispettare! – Mi ripeté l'ultimo verso di Faust: «La donna è colei che eleva l'uomo» e aggiunse: – Per la mia opera dovrò lavorare molto, ma ne vale la pena, perché mi aprirà le porte per un'Arte moderna. Per realizzarla avrò bisogno del cuore e dell'affetto di una donna!

Lo ringraziai per il suo pensiero e lo pregai di mettere la frase di Goethe sul mio protocollo, cosa che fece senz'altro. Mi venne da ridere pensando a mio suocero che, leggendo quella frase, avrebbe dovuto guardarsi bene dal gridare, come spesso faceva: «In ginocchio, cortigiana!». Per me sarebbe stata una piccola e piacevole rivincita.

Purtroppo ora, tra Stauffer e mio marito, vale a dire tra il Genio e il Denaro, regna la discordia e le nostre belle idee si sono polverizzate.

Lidia si appoggia allo schienale della sedia, incrocia le braccia con gesto calmo e controllato e aggiunge:

Se mio marito avesse mostrato alla giustizia il mio protocollo, i medici avrebbero potuto constatare che le mie idee sono chiare e concise e non possono essere le idee di una pazza.

Mentre eravamo occupati a preparare il nostro progetto, lo scultore Klinger scriveva una lettera al Consolato svizzero di Roma, in cui si diceva preoccupato per l'alterato stato psichico del suo amico pittore Carlo Stauffer, il quale, da dieci giorni a quella parte, non faceva altro che scrivere lettere e telegrammi in cui esponeva progetti megalomani e insensati e prometteva mari e monti agli artisti che avrebbero contribuito a realizzare la sua Opera. Klinger si diceva molto preoccupato per il suo povero amico, le cui condizioni stavano rapidamente peggiorando. Nel caso in cui il Consolato avesse deciso di ricoverarlo in un manicomio, egli si dichiarava pronto ad assumerne le spese.

Quando venimmo a saperlo scoppiammo in una fragorosa risata e fu in quel momento che per la prima volta mi baciò la mano.

Il dottor De Pedys lancia una rapida occhiata d'intesa al suo collega, ripone la penna nel bicchiere d'argento e si rivolge alla paziente:

– È stata molto brava, signora Welti! Ha risposto in modo conciso e determinato alle nostre domande e non si è lasciata travolgere dalle emozioni. L'interrogatorio è stato lungo e ora abbiamo tutti diritto a un po' di riposo.

Il dottor Roseo si alza in piedi per primo, barcollando leggermente sotto lo sguardo cristallino del suo collega.

– Ci faremo sentire presto, signora Welti. Siamo molto soddisfatti di come si è svolta la seduta...

Si congeda dalla paziente con una calorosa stretta di mano.

Lidia punta le mani contro l'orlo del tavolo e spinge indietro la sedia. È contenta di come sono andate le cose, ma la prudenza è d'obbligo: una delusione le farebbe troppo male.

Berna, 17-27 gennaio 1890

Il chiarore dell'alba comincia a disegnare i contorni dei balconi e dei cornicioni delle case e sulla sabbia bagnata si sentono stridere le ruote delle prime carrozze. Da una di esse scende il Consigliere federale; è sorpreso dal freddo, le sue mani gelate scivolano dentro le tasche profonde del suo cappotto grigio. A passi veloci si affretta in un caffè, le lampade a gas sono ancora accese. Una cameriera gli serve un espresso doppio in tazza grande e come d'abitudine gli porta i più importanti quotidiani della Svizzera tedesca.

– Mi porti anche *il Dovere* – le ordina l'Onorevole.

Qualcuno gli ha riferito che il giornale ticinese ha messo in cattiva luce la delegazione svizzera a Roma. Sotto la rubrica «Rivista interna» legge:

«Le notizie pervenute a Berna circa l'arresto del signor Stauffer produssero senso penoso. Nessun reclamo essendo pervenuto al Consiglio federale, non si comprende come il signor Bavier abbia potuto intervenire ufficialmente come fece. Il signor Stauffer, arrestato a Roma, fu condotto a

Firenze dove trovasi attualmente. Si dice che l'arresto gli abbia causato una emozione tale da alterare seriamente la sua salute. Nel pubblico questi fatti sono vivamente commentati, e l'indignazione è generale. Il signor Stauffer ebbe delle questioni colla famiglia del signor Welti-Escher, ma queste non giustificano in alcun modo l'intervento del signor Bavier. Si domanda una inchiesta».

Si accende la pipa e si tiene in mano il fiammifero, cercando un posto dove metterlo. La cameriera accorre con un portacenere, ma lui è troppo immerso nei suoi pensieri per accorgersene.

L'autore dell'articolo ha capito che tramite le loro conoscenze i potenti possono influenzare gli eventi a loro vantaggio. Probabilmente sospetta che l'istanza del ministro Bavier presso la polizia e il Tribunale abbia accelerato la procedura e reso possibile l'incarcerazione di Stauffer, in ogni caso lo dovrà dimostrare. E queste sono prove che non riuscirà a trovare, perché non esistono. Lui, infatti, ha provveduto a non lasciare documenti scritti della legazione presso le autorità competenti italiane.

Mentre succhia la pipa, che nel frattempo si è spenta, decide di scrivere a Bavier per tranquillizzarlo. Deve persuaderlo che le accuse del giornale sono infondate in quanto lui si è limitato a soddisfare la richiesta del dottor Welti, che aveva tutto il diritto di esigere la sorveglianza di chi gli aveva sedotto e rapito la moglie.

Il Consigliere federale arriva alla conclusione che l'importante è che Bavier non intervenga sul ministro di giustizia italiano in veste di pubblico ufficiale. Se procederà privatamente nessuno potrà accusarlo di aver agito in modo illegale!

Distende il tovagliolo sul tavolino, accanto alla tazza, lo liscia con cura e con la stilografica scrive: «Negare tutto, pretendere che ritirino l'accusa, costringendoli a fare marcia indietro!». È comunque convinto che se verrà certificata la malattia mentale di Stauffer il caso si chiuderà senza condanne ma Carlo terminerà i suoi giorni in manicomio.

Dieci giorni più tardi, il 27 gennaio 1890, il quotidiano ticinese *il Dovere* si scusa con i propri lettori.

«Abbiamo riportato da un giornale confederato la notizia dell'arresto avvenuto a Roma di un nostro compatriota, il giovane pittore Stauffer di Berna. Il comunicato è stato accompagnato da certi commenti secondo i quali il nostro ministro a Roma, signor Bavier, avrebbe avuto in quel fatto una ingerenza poco spiegabile. Ora, meglio informati, ci corre il debito di rettificare:
1°: che l'arresto dello Stauffer avvenne in relazione ad un ordine di fatti esclusivamente privati, sui quali la delicatezza non permette d'insistere, tanto più che le condizioni di salute dello stesso signor Stauffer ne portano la parte maggiore di responsabilità
2°: che in tale arresto, la Legazione svizzera a Roma non ebbe nessuna ingerenza, né diretta né indiretta; esso venne effettuato dalle autorità italiane dietro querela della persona interessata, poi, trasferito a Firenze, il giudice istruttore accordava al signor Stauffer la libertà provvisoria: ed ora trovasi in una casa di salute. Ridotto alle sue vere proporzioni, l'incidente perde tutta quell'importanza che taluni giornali hanno voluto attribuirgli a torto, e segnatamente nulla resta delle critiche che si vollero troppo leggermente formulare contro la nostra delegazione a Roma».

Welti manda subito una procura all'avvocato di Roma e lo incarica di ritirare l'accusa; la procura però non autorizza l'avvocato a fare marcia indietro. Quest'ultimo non se ne fa una ragione: il Tribunale archivierà il caso, non appena sarà confermata l'instabilità mentale di Stauffer.

Bienne, 30 gennaio 1890

È domenica, le campane invitano i fedeli alla preghiera. Edo accompagna la madre in chiesa e sceglie i vicoli dove non ci sono carrozze, per evitare incontri. La chiesa di Bienne sorge in mezzo a un vecchio viale che si allarga fino a formare uno spiazzo, cinto da alcuni faggi secolari. Protetta dagli alberi, la signora Stauffer si ferma per riprendere fiato. È provata dagli eventi e si sente molto stanca; sotto gli occhi ha dei rigonfiamenti che le scendono fin quasi agli angoli della bocca. Le ultime notizie di Hildebrand sono inquietanti. Carlo soffre di una grave mania di persecuzione ed è ricoverato nella terza classe del manicomio San Bonifazio di Firenze, in condizioni sanitarie deplorevoli. La peggior casa di cura svizzera può considerarsi un lusso se paragonata al manicomio fiorentino: già dopo la prima notte di degenza i capelli di Carlo sono diventati improvvisamente bianchi. Lo scultore vuole trasferire l'artista in Svizzera, ma il direttore della clinica si oppone.

– Si tratta di un paziente molto pericoloso e bisogna isolarlo dagli altri viaggiatori: se volete trasferirlo dovete riservare un vagone solo per lui e per il personale sanitario!

Né Hildebrand né la famiglia Stauffer sono in grado di sostenere i costi di un simile trasporto, ma lo scultore non se la sente di abbandonare il giovane artista al suo destino e ha chiesto che venisse almeno trasferito dalla terza alla seconda classe. Il direttore ha acconsentito, ma solo a condizione che qualcuno pagasse la differenza dei costi. Hildebrand, uomo retto e generoso, non ha esitato a pagare le spese.

Edo gira lo sguardo attorno allo spiazzo per accertarsi che non vi siano orecchie indiscrete, poi posa delicatamente una mano sulla spalla della madre.

– Hai letto l'articolo apparso ieri sul giornale del Giura?

La madre non ha avuto il tempo di leggerlo. Il quotidiano rimprovera alla stampa, in particolare ai grandi giornali, di sottacere l'accaduto, e si interroga sul comportamento del Consigliere federale, che, inspiegabilmente, non si è occupato della questione. Carlo è domiciliato a Roma, dove paga regolarmente le tasse e dove ha trasferito il suo atelier. Ha quindi tutte le carte in regola per il suo soggiorno romano. È un artista di grande talento e gli spetta il diritto, come a ogni concittadino, di essere difeso dal ministro degli Esteri per un diverbio con le autorità competenti. Secondo la giurisprudenza italiana non avrebbe potuto essere arrestato!

La madre considera il figlio con affetto e si sente sollevata: finalmente qualcuno disposto a prendere le difese della famiglia!

– Scriverò al Consigliere federale Droz del Dipartimento di giustizia e polizia per fornire la mia interpretazione dei fatti. Non ho paura di uscire allo scoperto!

La madre approva il suo modo di agire, ma allo stesso tempo lo mette in guardia:

– Se posso darti un consiglio, cerca di non agire spinto dalla rabbia e usa un tono pacato: accusare il Consigliere federale e il ministro Bavier comporta dei rischi.

– Non preoccuparti mamma, sono avvocato e so fare il mio mestiere.

Non appena arriva a casa, Edo scrive la lettera che si è proposto.

Illustrissimo Consigliere federale!

Da qualche tempo circola sulla stampa una notizia alquanto romanzesca, che sollecita la curiosità del pubblico e pertanto richiede l'intervento delle autorità federali. Poiché mi trovo nella condizione di poter fornire le spiegazioni del caso, e, al tempo stesso, desidero evitare che la questione venga divulgata dalla stampa, mi permetto di sottoporle la seguente spiegazione.

A questo punto l'avvocato fornisce un breve e dettagliato riassunto di ciò che è avvenuto in Italia fino a quel momento, astenendosi da qualsiasi giudizio personale sul Dr. Welti e sul ministro Bavier, quindi prosegue:

Lo scopo del mio esposto è quello di chiedere all'alto Dipartimento di giustizia e polizia della Confederazione di effettuare un'indagine sui fatti da me riferiti e di fare in modo che mio fratello non debba subire un trattamento ingiusto. Chiedo che in manicomio gli siano assicurate le cure necessarie e che la famiglia sia avvertita quando sarà possibile effettuare il suo trasferimento.

Non mi permetto di giudicare il comportamento delle persone coinvolte: sarà compito del Consigliere federale prendere i provvedimenti che ritiene giusti, La prego soltanto di voler proteggere mio fratello dal potere e dal denaro!

Ogni cittadino svizzero ha il diritto di essere protetto dall'ambasciata: purtroppo, a causa dell'amicizia che lega il nostro ambasciatore alla famiglia del persecutore, mio fratello non ha potuto beneficiare di tale protezione, che gli è stata negata.

In attesa che Lei, onorevole signor Consigliere federale, voglia sottoporre la questione a un attento e obiettivo esame, che permetta di sostenere mio fratello nei suoi diritti, La prego di gradire l'espressione della mia massima stima

L'intercessore: Edoardo Stauffer

Berna, 10 marzo 1890

La sala dello scrittore trabocca di fiori: mazzi enormi di crisantemi e di dalie sistemati senza arte in macchie di rosa e di bianco agiscono come un enorme caleidoscopio e mandano ovunque onde di energia. Lo scrittore, appollaiato sulla sua poltrona con un fascio di fogli in mano, se ne accorge appena. I suoi pensieri si muovono avanti e indietro come nei sogni. Sembra che dorma, ma è soltanto un'impressione, perché non appena sente un fruscio si riscuote.

Torna bambino, corre con i gomiti stretti sui fianchi, nelle mani tiene alcuni palloncini variopinti; ogni tanto uno gli scivola dalle dita e vola via, ma subito qualcuno gliene regala uno nuovo. Il tempo passa come in una nebbia e lui diventa un adolescente che corre incontro alla vita. Lungo una strada, tra i boschi, belle fanciulle a piedi nudi gli offrono palloncini colorati, che è libero di prendere o di lasciare andare. In una luce uniforme, ancora senza ombre, essi fluttuano numerosi e leggeri. Trascorrono altri anni, alcuni palloncini diventano ingombranti e non gli servono più e lui li lascia volar via, altri li regge con fierezza, come dei trofei. Poi arriva la sera, che getta lunghe ombre sulle sue vecchie mani macchiate, le cui dita stringono con amore i pochi palloncini rimasti. Tenerli in mano gli costa sempre più fatica e a volte gli manca la forza per farlo. Ogni tanto ce n'è uno che si sgonfia o scoppia senza che lo abbia voluto. – Impara a lasciare andare – gli suggerisce una voce, ma è così difficile, ogni palloncino rappresenta qualcuno d'importante che ha lasciato tracce indelebili lungo il suo cammino.

Uno scalpiccio di scarpe, un rumore di passi su per le scale e lo scrittore è sveglio, completamente vigile.

Ada entra in casa con le guance arrossate e gli occhi ombreggiati di blu.

– Le cose non vanno come dovrebbero – sbotta, dopo averlo salutato distrattamente.

La domestica le fa notare che oggi è il suo compleanno, non le sembra il caso di sobbarcarlo di problemi. La ragazza si accorge dei fiori, del loro profumo umido, quasi irritante, e si affretta a fargli gli auguri. Il festeggiato lancia uno sguardo di rimprovero alla domestica: alla sua età i compleanni non hanno più molta importanza e lui farebbe volentieri a meno degli auguri. Si volta verso Ada per ascoltare le novità e lei si mette a parlare con foga.

– L'unico giornale che ha avuto il coraggio di dire la verità sull'arresto illegale di mio fratello è stato quello del Giura. Ha dichiarato che simili arresti diplomatici non sarebbero possibili né in Inghilterra né in Francia, ma soltanto in Russia. Il giornale di Ginevra naturalmente lo ha subito smentito, la legazione si sarebbe comportata correttamente e l'influenza di Bavier sarebbe stata una bufala del giornale del Giura.

In verità sappiamo bene chi, dietro le quinte, ha sollecitato l'inchiesta del Tribunale di Firenze. Il giornale ginevrino e le nostre autorità mentono, e mio fratello, per far valere le sue ragioni, è costretto a rivolgersi al Dipartimento di giustizia e polizia. Le sembra normale?

La ragazza guarda lo scrittore con l'aria di chi aspetta una risposta urgente.

– Quel Dipartimento è ora in mano al neoeletto onorevole Droz. Mi pare sia una persona competente e onesta. C'è da augurarsi che Welti non eserciti la sua influenza anche su di lui!

Qualcosa di fragile e pesante piomba a terra e li distoglie dalla conversazione. Il gatto, in preda a una gioiosa frenesia, ha fatto cadere il vaso di fiori dalla mensola. Acqua e cocci di vetro si spargono sul pavimento. La domestica alza la voce, il felino solleva la schiena convulsamente e cambia locale.

Fiero del suo nuovo acquisto, lo scrittore invita Ada a sedersi sulla sua sedia a dondolo che, non appena lei si siede, si mette a dondolare piacevolmente, come le onde dell'oceano.

Nel frattempo il Consigliere federale Welti scrive una lettera al ministro Bavier:

Comincio a dubitare anche dell'equilibrio psichico di Edo Stauffer, e temo che presto o tardi sarà condannato a seguire le orme di suo padre e del suo povero fratello. Se un piccolo avvocato come lui si permette di criticare il modo di procedere di un Consigliere federale e di un ministro degli esteri senza averne competenza e potere, dev'essere per forza un po' pazzo. Del resto la maleducazione con cui ha distorto la realtà dei fatti la dice lunga anche sul suo carattere. Probabilmente Stauffer non ha redatto la missiva da solo, ma con l'aiuto del direttore del giornale del Giura, ma non è mia intenzione lasciarmi coinvolgere nella polemica giornalistica. Sono convinto che abbiamo agito in nome della giustizia: il nostro compito era quello di occuparci dell'appropriazione indebita e del rapimento di una malata di mente e non della salute mentale del prigioniero. Del resto l'avvocato Stauffer non ci ha mai chiesto protezione per suo fratello, anzi, più di una volta ha affermato che era giusto che si trovasse in carcere.

19-20 marzo 1890, ritorno a casa

Ciò che sono stato costretto a subire nelle Carceri Nuove e Muratte non è nulla in confronto a quanto ho dovuto sopportare qui, nel manicomio di San Bonifacio, dove tutto è rimasto come 300 anni fa. I miei capelli sono diventati bianchi in una notte e se non sono crollato è stato grazie al mio amore per Lidia e alla mia recente passione per la scrittura. Ma ve la farò pagare, brutti porci: in nome della giustizia, sarete costretti a risarcirmi dei danni fisici e morali! Impiegherò il vostro denaro per pagare l'editore che si impegnerà a pubblicare le poesie che ho scritto in carcere. È ora che l'opinione pubblica conosca la verità.

In prigione ho avuto il tempo di pensare anche a te, Emilio, e per San Giuseppe ti ho dedicato questa poesia:

Un San Giuseppe della peggior sorta,
così mi appari, mio miglior amico e mecenate.
La testa piena di segatura; il cuore trafitto dalla freccia
ti è cascato nei calzoni.

Che gentaglia siete, tu e il tuo distinto genitore,
farabutti, marmaglia, ecco quel che siete.
Lallà, così cosà, gatto impotente,
fidati, guarda, guarda, chi ti è stato raccomandato.

Una femmina gagliarda vuole un amante gagliardo.
Te lo ripeto in confidenza:
fidati, guarda, guarda, ma di chi!
La vedi, quella pozza marrone?
Non lasciarti schizzare i pantaloni!
Se ci metti un piede, ti si calmeranno i bollenti spiriti!

Non voglio risparmiarti ciò di cui sono capace.

Voglio lodare il tuo coraggio e il tuo spirito.

Già, già, è così che va! Ne facciamo delle belle,
la mia morosa ed io,
al culmine del nostro amore.
Una femmina giovane vuole un sostegno forte!

Nonostante ciò che ho patito sono rimasto forte e sano come un corvo, in carcere ho continuato a fare ginnastica, almeno due ore al giorno, e se per disgrazia tu o tuo padre doveste capitarmi tra i piedi, l'incontro potrebbe esservi fatale: dove colpiscono i miei pugni non cresce più un solo filo d'erba, vi consiglio di starmi alla larga o per voi sarà troppo tardi.

Sono un genio, metto a disagio politici e uomini di finanza. Welti, Rochette, Bavier e molti altri asini del loro calibro appartengono alla categoria dei mediocri, senza il potere del denaro sarebbero delle formiche condannate a muoversi nella pianura. Come potevo pretendere da voi, onorevoli signori, che vi trovate nella stanza dei bottoni, di farmi uscire da questa specie di stalla? Fosse dipeso da voi avrei continuato ad aspettare come un cretino, per mesi, per anni, forse per tutta la vita. Per fortuna ci ha pensato Hildebrand a farmi dimettere, lui non è un onorevole, è un artista come lo sono anch'io e come tale sente più acutamente l'armonia, ma anche la bruttezza dell'umano apporto al mondo. È stato l'unico tra amici e conoscenti ad aver mostrato comprensione per la mia fatale situazione e oggi è venuto a prendermi con il suo genero, che è medico, per ricondurmi a casa. Sono emozionato e ansioso di riabbracciare la mamma, a cui ho dato tante preoccupazioni, ma al contempo sono anche perplesso e temo che Welti, il cui potere in Svizzera è illimitato, possa di nuovo arrestarmi.

Ci troviamo nella stazione di Firenze, che è immensa e frastornante, gente che corre e si rincorre, telegrafi che a tratti trasmettono e poi tacciono, saluti allegri e squillanti inframmezzati di baci. Mi piace l'odore di aria pura e di libertà che respiro di nuovo, dopo tutti quei mesi trascorsi rinchiuso in una stanza. Ora si sente il boato di un treno, da una locomotiva fuoriesce un vapore roseo, subito inghiottito dalle nebbie mattutine; il treno è affollato, lasciamo che i viaggiatori scendano, poi ci affrettiamo nel nostro scompartimento, sono stupito di trovarlo vuoto, ma la cosa non mi dispiace, qui mi sento protetto e in momenti come questi mi appoggio alla sicurezza come a una fonte di calore. Finalmente si parte. Gusto la velocità con cui le cose mi sfrecciano davanti, pianure, gru, officine annerite, ogni tanto la sagoma oscura di un albero. Attraversiamo una galleria, una massa fatta di buio, poi la luce riemerge e con il fuggire delle nuvole si diffonde un raggio di sole. Sono emozionato, non per il raggio di sole che mi illumina il viso, ma perché non vedo l'ora di tornare a casa per riabbracciare la mia famiglia, che non vedo da cinque mesi.

Arriviamo a Genova e raggiungiamo Milano, dove cambiamo treno. Hildebrand mi fa sapere che non mi accompagnerà fino in Svizzera, vuole tornare da sua moglie, sono una coppia ancora molto affiatata. A Como mi congedo da lui e gli prometto di fargli avere presto mie notizie. Mentre lo osservo allontanarsi dalla banchina della stazione con la sua borsa in diagonale che gli taglia la schiena, ecco che ricompare quell'orribile sensazione. Qualcuno mi sta osservando. Continuo a camminare. Non mi volto. Fingo di controllare una tasca del mio cappotto e così do un rapido sguardo lungo la banchina e lo vedo. È un uomo immenso, dalla pelle grigia, immobile, con le mani sui fianchi, piantato come una quercia in un cortile, indubbiamente una spia. Poco distante da lui c'è un altro tizio sospetto: ha qualcosa di furtivo nei gesti, mi sconcerta, perché, magro com'è, risulta ugualmente alto e forte di spalle e di braccia, devono averlo addestrato per fare a pugni. Brividi, voglia di correre a rifugiarmi nello scompartimento vuoto, quel brutto ceffo non mi molla, mi viene addirittura più vicino, non voglio guardarlo... – Cosa fai, non sei contento di vedermi? –. Oh Dio, è la voce di mio fratello, come ho fatto a non riconoscerlo? La paura è come quando non si riesce a respirare, può farti perdere la tramontana.

– Certo che sono contento, che bella sorpresa! – balbetto. Mi abbraccia, mi dice che il mio incubo è finito, è qui per riportarmi a casa. Gli sorrido, è da tanto tempo che non riesco più a sorridere, poi gli dico che io, in Svizzera, non voglio tornare. Mio fratello e il dottor Vogt si scambiano una rapida occhiata, percepisco la loro preoccupazione. – Come sarebbe a dire? Cerca di spiegarti, dopo tutta la fatica che stiamo facendo per ricondurti a casa non vorrai prenderci in giro? – Gli rispondo che mi piacerebbe molto tornare a casa, soprattutto per la mamma che non vedo da mesi, ma che temo che il Consigliere federale possa nuovamente arrestarmi.

Il medico accanto a me mi pone un braccio sulla spalla e cerca di tranquillizzarmi. Mi assicura che a Berna nessuno sa che sono stato dimesso, che riceveranno la notizia soltanto tra alcuni giorni e che la vicenda è diventata talmente di dominio pubblico che i Welti non si azzarderebbero, in patria, a procedere illegalmente contro di me. Riesce a convincermi, saliamo sul treno e di lì a poco varchiamo il confine. Sono stanchissimo e mi addormento subito.

Edo è nervoso. Poco prima della sua partenza ha ricevuto l'estratto protocollare della Commissione federale di giustizia, riunitasi a Berna per discutere il caso di suo fratello. Secondo i Consiglieri federali non c'è niente da rimproverare al ministro Bavier che, in questa circostanza, ha agito da privato e non in veste di pubblico ufficiale. Nessuno si è interrogato su quali fossero, per un ministro, i limiti tra un'attività pubblica e una privata. La lettera si concludeva addirittura in modo ironico:

Siamo a vostra disposizione per altri passi che potrebbero essere intrapresi a vantaggio del suo sfortunato fratello e saremmo felici di essere utili a lei e alla sua sfortunata famiglia se ciò ci fosse possibile. Speriamo così di essere riusciti a dissipare i suoi dubbi riguardo all'imparzialità e al senso di giustizia del nostro ministro a Roma.

Edo, allibito, si sente preso in giro e capisce che è praticamente impossibile spuntarla contro la ricca e potente famiglia Welti.

Bienne, 21 marzo 1890

Dalle cime delle montagne il vento solleva polvere di neve; la primavera è ancora lontana. Il crepuscolo sta per spegnersi dietro la collina, le nuvole si pigiano l'una contro l'altra ed è già quasi buio. Le strade sono deserte, le finestre delle case chiuse, non si scorge un solo profilo dietro i vetri.

La signora Luisa va a prendere la legna e accende la stufa. L'imminente arrivo del figlio Carlo la rende apprensiva e nel contempo felice. Non vede l'ora di riabbracciarlo e di sentire la sua voce, vuole che le racconti di persona come ha trascorso questi mesi d'inferno. Si passa una mano sui capelli ancora scuri e inspira profondamente al pensiero di vedere il proprio figlio con i capelli già bianchi. Non c'è da stupirsi se i suoi nervi sono stati scossi dai fatali avvenimenti, sarebbe successo a chiunque al suo posto, lo avrebbe rassicurato. Ora però deve pensare a ristabilirsi e il modo migliore per ritrovare un po' di pace e di tranquillità è quello di dedicarsi a diverse attività: leggere, scrivere, dipingere all'aria aperta. La sua produzione artistica e la sua fantasia sono doni preziosi, che deve però impiegare nella giusta direzione, conferendo loro un'adeguata profondità, altrimenti non avrebbe creato nulla di buono. Per proteggerlo da eventuali illusioni gli avrebbe poi parlato di Lidia, con cui lei non ha più avuto contatti, non soltanto perché nella casa di cura in cui si trova è ben sorvegliata, ma anche perché non la stima. Se effettivamente aveva delle buone ragioni per divorziare da suo marito, avrebbe dovuto trovare il coraggio di esporgliele, anziché comportarsi da vigliacca, trascinando nella disperazione un'intera famiglia. Secondo Luisa, donne simili sono degli specchietti per le allodole. Se Lidia non fosse l'ereditiera di un grande patrimonio, lui probabilmente non si sarebbe neppure accorto di lei. Carlo però deve sapere che sua madre non si schiera neppure dalla parte dei Welti, con i quali ha chiuso definitivamente, nonostante i loro tentativi di riconciliazione e le loro promesse di sostegno finanziario.

Accende la lampada a petrolio, il vetro tintinna, la luce si diffonde sul tavolo da cucina. È ora di preparare la cena alle figlie. Stende la pasta morbida e vellutata per il paté, poi le viene in mente ancora qualcosa di importante: esigerà da Carlo che non si tormenti con piani di vendetta e che si attenga all'insegnamento cristiano: «Non vendicatevi da soli, ma lasciate fare all'ira di Dio, poiché sta scritto: mia è la vendetta, io voglio ripagare, così parla il Signore».

Intanto al piano superiore Ada sta leggendo di soppiatto una lettera di Carlo, indirizzata a suo fratello:

I motivi di divorzio di Lidia sono più che fondati.

1. Emilio Welti ha dei gusti erotici molto perversi... non mi dilungo in particolari per non infrangere il tabù.

2. Egli non può darle dei figli.

3. Il modo in cui il maiale ci ha trattati è indicibile.

Purtroppo non ho mai più rivisto Lidia e non mi è più stato permesso scriverle. Quanto è successo lo avevamo in parte previsto. Se si è trattenuta a Roma è perché probabilmente è rimasta incinta. Sarà lei a decidere se vuole o meno il divorzio; in ogni caso avevamo deciso che, se fosse rimasta incinta, ci saremmo sposati, soprattutto per dare un nome al bambino. In caso contrario difficilmente saremmo convolati a nozze.

Una volta mi parlasti di Emilio Welti come di un benefattore, ma è ridicolo! I soldi appartenevano a Lidia e dietro le quinte era stata lei a decidere.

Prossimamente verrò in Svizzera con il dottor Vogt e ci resterò finchè sarà necessario; ritornerò a Firenze non appena tu non avrai più bisogno di me. È da inizio settembre che non lavoro più.

Voglio che tu agisca con brutalità contro quell'asino! Non appena avremo vinto il processo, se lo riterrò necessario, potrò sempre ancora prenderlo a schiaffi. Per quanto riguarda il processo contro di lui non intendo fare marcia indietro. Dopo l'affronto subito, è mio dovere riportare alla luce la verità, in ogni caso non voglio né regali né assoluzioni!

Ora la ragazza sente i passettini della madre su per le scale. Viene a chiudere le imposte ai piani superiori, sembra scalza, indossa pantofole di lana che non fanno rumore. Ada fa sparire la lettera.

Dopo cena la signora Stauffer si addormenta con il giornale in mano e la luce ancora accesa. A mezzanotte si sveglia per il rumore di una vettura. Irrigidita dall'umidità apre un occhio e, ancora imbambolata, si chiede chi possa essere a quell'ora della notte. Edo e Carlo hanno previsto di trascorrere la notte a Lucerna, che siano rientrati prima del previsto? La signora scivola fuori dal letto e apre le persiane. La carrozza con il mantice tirato, zuppo di pioggia, è già all'ingresso e Carlo è impaziente di scendere.

Roma, 22 marzo 1890

È la fine di marzo, la campagna romana affonda nei fiori bianchi dei ciliegi, ma un vento caldo soffia così forte da lacerarne i petali. Un uomo sta camminando sul sentiero di ghiaia, affiancato da due vecchi tigli in fiore, che spandono la loro fragranza di profumo. Indossa un leggero cappotto color castagna, sotto il braccio porta una borsa nera e sul naso degli occhiali sottili, che sembra aver inforcato per non doversi frugare in tasca nel caso ci fosse bisogno di firmare qualche attestazione.

Il dottor Roseo lo vede fermarsi davanti all'entrata. Gli

pare di averlo già visto, ma non ricorda in quale occasione, di certo non è un suo paziente.

– Cerca qualcuno?

Prima di ricevere una risposta lo riconosce: è il marito della signora Lidia Welti. Proprio recentemente il giudice ha sollecitato il dottor Roseo a prendere posizione in merito alla faccenda Welti-Stauffer. Lui e il suo collega, dopo aver scrupolosamente analizzato il racconto della paziente, sono giunti alla conclusione che la signora Welti è sana di mente e dotata di un'intelligenza emancipata e aperta. La loro diagnosi però contrasta con il verdetto espresso dai dottori Schaufelbühl, direttore della clinica psichiatrica di Königsfelden e amico della famiglia Welti, e Fiordispini, direttore di questo manicomio. Unanimi i due medici-periti hanno deciso che non si sarebbero lasciati influenzare da tale verdetto. Sanno che la logica dei pensieri, la buona memoria e i sentimenti ordinati non sono sufficienti a confermare un giudizio clinico. Infatti esistono alcune forme di pazzia in cui i malati sono in grado di raccontare con grande abilità le cose più inverosimili: tutte le funzioni mentali, non toccate dalla loro follia, possono infatti operare perfettamente! Per escludere qualsiasi forma di malattia mentale i due psichiatri devono ricostruire con molta minuzia la personalità della loro paziente, ed è ciò che stanno facendo.

Il giovane Welti si toglie il cappotto e risponde al dottor Roseo:

– Cerco mia moglie, la signora Lidia Welti!

Il medico indica con la penna verso il piano superiore.

– Si trova nella stanza numero 12! – esclama.

Prima di bussare alla porta Emilio si ferma e si aggiusta il colletto duro e inamidato della camicia. Lidia è impaziente: il desiderio di uscire da quella clinica e di essere finalmente padrona della sua vita è diventato un bisogno impellente! A costo di perdere una parte ingente del suo capitale intende acconsentire al divorzio, che ritiene l'unica soluzione possibile.

Un sorrisetto ironico le si spande sul viso mentre si interroga su come avrebbero reagito suo marito e certi suoi amici influenti se, con la promessa di trascorrere una tranquilla notte in un'antica villa nobiliare, fossero stati trasferiti, a loro insaputa, in una clinica psichiatrica, senza una spiegazione e senza sapere se e quando ne sarebbero usciti. Avrebbero saputo, in una simile situazione, mantenere la calma o si sarebbero lasciati andare allo sconforto e alla rabbia?

Nel loro ufficio grande e buio i due periti si scambiano soltanto poche parole. Il caso Welti-Escher li intriga e li invoglia a proseguire il loro lavoro. Il dottor De Pedys mette a verbale ciò che è stato discusso.

Descrizione psicologica della signora Lidia Welti
Donna molto intelligente, colta e sicura di sé. Carattere nobile e generoso, signora dai sentimenti preziosi e profondi, molto sensibile e qualche volta nervosa.
Da notare che la nervosità *è frequente nelle donne dell'alta società ed è conseguenza del loro stile di vita. Esse sono sottoposte a troppe preoccupazioni, per cui anche le cose più insignificanti, come il profumo e la musica, possono irritare il loro centro nervoso. Se a questo si aggiungono occupazioni intellettuali e tare ereditarie, non c'è da meravigliarsi se poi cominciano a soffrire di insonnia, come è successo alla signora Welti. Sicuramente non si trovano situazioni analoghe in donne che conducono una tranquilla vita contadina.*
L'ideale di Lidia, quello di diventare la musa del genio, *come lo è stata Beatrice per Dante o Laura per Petrarca, è accompagnato dalla passione per la bellezza e per l'Arte. Il grande successo di Stauffer, testimoniato da numerosi premi e articoli di giornali, l'ha affascinata. Il suo incontro con lui avrebbe facilmente potuto degenerare in fantasie e idee stravaganti, ma questo non è successo e le funzioni intellettuali della paziente sono rimaste integre.*
Grazie al suo talento, all'ambiente privilegiato in cui ha vissuto, al patrimonio che le ha permesso di dedicarsi a studi superiori e di realizzare progetti che per altri sarebbero rimasti dei sogni, la signora Welti ha raggiunto un certo grado di eccentricità e ha sviluppato delle idee che possono

sembrare stravaganti, ma che sono il risultato di uno spirito superiore, e non può essere visto come una malattia mentale.

Lidia è poco incline alla sensualità: *neppure Stauffer ha saputo risvegliare la sua libido. Non sono stati certo i sensi a farla cedere quella notte, ma piuttosto l'eccitazione psicologica a cui Stauffer l'ha portata quando, davanti a un meraviglioso spettacolo della natura, le ha parlato della bellezza e di un dipinto a cui stava lavorando e che non sarebbe riuscito a concludere senza di lei. Voleva che diventasse sua e l'ha scongiurata di fuggire con lui a Roma.*

Nella sua relazione con Stauffer, più che l'uomo Lidia ha cercato il genio: credeva nel suo grandioso progetto culturale e voleva aiutarlo a realizzare il suo ideale, sostenendolo con il suo patrimonio ed esercitando su di lui quella sottile influenza che solo una donna può esercitare su un uomo.

Crearsi un ideale è una tendenza normale per chi si trova nella primavera della vita: più uno spirito è elevato e più i suoi ideali sono grandi. In mancanza di una maternità, lo spirito nobile della signora Welti ha aspirato all'ideale dell'Arte, *che l'ha portata alla sua passione per Carlo.*

Molte persone ammirano delle qualità umane ben meno meritevoli, quali la bellezza del corpo, il potere, la discendenza nobiliare, la ricchezza, che non di rado si trasformano in un'idea fissa.

Lidia non ha mai sopravvalutato la grandezza del genio e non l'ha mai ammirato ciecamente. Ha sempre riconosciuto che anche i geni hanno dei difetti: quello di Stauffer era di non essere bello. Se egli avesse avuto una relazione con lei senza passione, non lo avrebbe perdonato. Benché tra di loro fosse sbocciato l'amore, Lidia non avrebbe voluto vivere quotidianamente al suo fianco. È difficile che una donna come lei, assetata di libertà e di indipendenza, si assoggetti a un'idea fissa. Chi ha un'idea fissa *è sottoposto a un unico sentimento, a un'unica passione che la ragione tenta inutilmente di combattere, oppure non la combatte affatto, perché non è in grado di riconoscerne l'esagerazione. Queste persone vivono pensieri ed emozioni a cui non vorrebbero*

dare ascolto, ma che tornano insistenti ed è difficile per loro dirigere la loro attenzione su un altro oggetto.
Affinché la ragione non subisca dei danni, le qualità morali e affettive devono mantenere un equilibrio, che può variare da individuo a individuo. È piuttosto raro che la follia si manifesti senza dei segni premonitori, c'è quasi sempre un'incubazione e ci sono delle analogie con certi stati psichici che colpiscono la ragione.

A questo punto il dottor De Pedys interrompe uno sbadiglio.

– Stiamo facendo un lavoro enorme per dimostrare una cosa ovvia. Che la signora Welti non sia pazza lo sanno anche Schaufelbühl e Fiordispini, eppure hanno la faccia tosta di affermare che il progetto di Stauffer è sostenuto da un'idea fissa o addirittura dal delirio. Niente di più inverosimile.

Infila un nuovo foglio nel rullo della macchina da scrivere e riprende a battere sui tasti con energia.

Il progetto *di un grande lavoro artistico, che, con il consenso del marito, Lidia voleva sostenere con un milione di franchi, non è un proposito in cui si realizza un'idea fissa. Se lo fosse stato, e il marito ne fosse stato convinto, avrebbe avuto tutto l'interesse a mostrare il protocollo alla giustizia, dal momento che voleva far rinchiudere la moglie in manicomio. E, oltretutto, Lidia non avrebbe superato con tanta facilità la dissoluzione di tale progetto.*
Ma passiamo all'ultimo punto: la nobiltà d'animo *che emerge dal carattere e dal comportamento della signora Welti. L'onestà e l'apertura di mente con cui parla anche delle cose per lei più penose le fanno onore e per la collettività sarebbe grave se un atto, accompagnato da un così nobile sentimento, venisse attribuito a una malata di mente, soltanto perché lo si riscontra così raramente.*
Lidia ha ammesso il grave torto fatto a suo marito senza tentare di giustificarsi. Senza la sua lodevole onestà non si

troverebbe oggi in questa imbarazzante situazione. Al suo posto altre donne, dopo essere state in continuo contatto con un giovane uomo appassionato e ardente, pieno di sollecitudini nei loro confronti, gli avrebbero aperto la porta della camera da letto, senza costringerlo a scavalcare il balcone, e avrebbero sottaciuto il tradimento, magari corrompendo le domestiche per non essere costrette a divorziare. Lidia è troppo onesta per comportarsi in questo modo. Dopotutto stima suo marito, che le ha sempre dimostrato il suo affetto. Quello che è successo quella notte lei non lo aveva previsto, tanto è vero che è stata sorpresa nel sonno. L'onestà del suo carattere non le ha permesso di rimanere in albergo, dove aveva dormito con suo marito e ha determinato la sua decisione di fuggire con Stauffer a Roma. Ciò che l'ha convinta a fare il passo fatale è stato vedere fino a che punto un giovane uomo innamorato poteva arrivare, rischiando addirittura la propria vita, pur di ottenere la donna desiderata. Se Lidia avesse voluto salvare se stessa, avrebbe detto di essere stata violentata, le avrebbero certamente creduto o avrebbero finto di crederci, a qualcuno avrebbe anche fatto comodo. Invece ha preferito informare suo marito e, d'accordo con entrambi gli uomini, pensava di chiedere il divorzio che, secondo la legge del suo paese, è permesso. Convinta che agendo in questo modo la stima sarebbe rimasta intatta, si era immaginata di rimanere una buona amica per suo marito. Mantenere un rapporto di amicizia non è pensabile in Italia, dove i costumi e la differenza dei sessi sono visti in modo diverso, ma nei paesi del Nord, dove è consentito il divorzio, ciò non è insolito.

De Pedys si appoggia allo schienale della poltrona e incrocia le braccia. Ha fame, è convinto che a questo punto un buon pranzo possa essere la cosa migliore.

Fine marzo-inizio aprile 1890
Roma

Ho avuto un colloquio con l'onorevole Ruchonnet, presidente della Confederazione, ed è stato un fiasco. Mi sono lamentato di Bavier, gli ho riferito del terribile trattamento che ho subito in carcere e in manicomio e gli ho spiegato che l'inchiesta si è svolta in modo parziale, ma quello non mi ha dato retta. Mi viene il dubbio che quel maiale di Welti abbia corrotto pure lui. Non è neppure riuscito a dirmi dove ti trovi, Lidia, ma sono riuscito a scovarti anche senza le sue indicazioni: sei sempre alla Santa Maria Pietà di Roma e non oso pensare quanto ti abbiano fatto soffrire, povero amore mio. Presto sarà tutto finito, vedrai, vengo a portarti via, sono già sul treno. Roma, che orribili ricordi, l'ultima volta ho attraversato il viale della stazione in catene, con i piedi e le mani legati, sono incubi da dimenticare, voglio creare nuovi progetti, sarai la mia musa e la mia principessa! Dobbiamo festeggiare la fine della nostra comune sofferenza e sarà il nostro trionfo, vedrai. Non immagini neppure quanta voglia ho di rivederti e di abbracciarti!

È ancora buio, il portone della clinica è chiuso, prima delle dieci a nessun ospite è consentito varcarlo. L'attesa, un nodo alla gola, l'impazienza di rivederti, poi finalmente il portone si apre e il direttore Fiordispini scende adagio le scale; allarga le braccia per tenersi in equilibrio, la sua larga pelata gli arriva a metà cranio e mi dà la sgradevole impressione di un granchio di mare. Gli chiedo di poter parlare con te, mi guarda come avessi detto chissà quale fesseria e risponde: – È partita una decina di giorni fa, è venuto a prenderla suo marito, pare si siano riconciliati –. La notizia mi colpisce come una mazzata. – Non è vero, non può essere… – balbetto, ma quello prontamente mi mostra un formulario con il tuo numero di matricola, su cui è riportato:

Per volere di suo marito, che ne detiene la responsabilità, la signora Welti è stata dimessa dalla clinica psichiatrica, in quanto le sue condizioni di salute sono migliorate.

È un testo prestampato, soltanto il nome e la data sono scritti a mano. Lo spazio vuoto è quello su cui avrebbe dovuto essere riportato il tuo nuovo domicilio.

Un malessere improvviso mi costringe a tenermi appoggiato. Confido allo psichiatra di aver creduto nel tuo amore, un amore grande e dirompente, che si è rivelato essere per te una semplice avventura. Tu sei e rimani di tuo marito, gli ho detto, e la nostra storia finisce qui. Hai fatto ritorno alla tua abituale vita borghese, alla tua rassicurante quotidianità... della mia persona, della mia Opera, del mio successo non te ne può importare di meno.

Fiordispini solleva le spalle con dolente ironia, le tiene così un istante poi le lascia ricadere.

– Che vuole, signore, le donne sono fatte così. Di certo la signora Welti pazza non è mai stata!

Ma come? Se qualche mese prima ti ha diagnosticata affetta da «follia sistematizzata», con quale coraggio viene ora a riferirmi che sei sempre stata sana di mente? Ho bisogno di rimanere solo, voglio tornare nel mio atelier e riprendere il lavoro. Creare per ritrovare l'ardore e il coraggio di andare avanti, identificarmi nella mia opera, per provare che qualcosa di me sopravvive.

La pioggia sta rimbalzando sul selciato in perle scintillanti, apro l'ombrello e quella lieve cupola nera mi nasconde la testa e le spalle. – Può esistere l'arte senza amore? – mi chiedo. Una scrittrice, di cui non ricordo il nome, mi ha detto che deve esserci un cielo anche per l'amore, diverso da quello di una stanza da letto. Si possono amare di un unico amore il mare, le betulle, la musica...

Sono arrivato in via Bagutta, gli scuri del mio atelier sono chiusi, all'interno c'è odore di muffa e di polvere, nessuno ha pensato a fare le pulizie e ad arieggiare il locale, eppure continuo a pagare l'affitto. Nell'oscurità intravedo le mie opere: l'adorante è ancora in piedi, mi sembra integro, il lanciatore di giavellotto invece assomiglia vagamente a uno spettro. Apro le persiane, negli angoli della stanza si è ammucchiata la polvere, il pavimento è stranamente coperto di fuliggine. Una luce tenue si posa sul lanciatore di giavellotto, l'argilla si è da tempo seccata, il ragazzo incaricato di inumidire gli stracci che avvolgono la statua ha abbandonato il suo compito. Un anno di lavoro andato in fumo! Rabbia, dolore e un senso di ingiustizia mi opprimono e mi angosciano. L'ultima ancora di salvezza è la speranza che tuo marito ti abbia ingannata e allora ritengo mio dovere aprirti gli occhi e parlarti dei profondi sentimenti che ancora mi legano a te. Che questa lettera possa ancora cambiare il mio destino, perché senza il tuo amore, l'atroce sofferenza psicofisica che sono stato costretto a subire non avrebbe alcun senso e ci sarebbe da impazzire sul serio.

Königsfelden

Luci giallo limone illuminano la strada e le macchie di erba scura ai lati. Il viso cupo di Lidia si riflette sul vetro della vettura: i segni di stanchezza e di sconforto sono ben visibili. Suo marito guida con circospezione, silenzioso. Solo quando attraversa la città vecchia di Aarau si decide a dire qualcosa.

– Nel 1798, cinque anni prima che Berna diventasse la capitale della Confederazione, Aarau fu per mezzo anno il capoluogo della Svizzera, e quello che vedi sulla tua sinistra è il primo Palazzo federale del nostro paese.

Lei solleva il volto e reprime un sospiro.

– Dimmi piuttosto cosa diavolo vado a fare nella clinica psichiatrica del dottor Schaufelbühl… mi illudevo che la mia prigionia fosse finita, avevi promesso che avremmo trascorso il fine settimana in uno chalet svizzero per discutere le condizioni del nostro divorzio, invece mi stai conducendo a Königsfelden dal vostro amico psichiatra.

– Abbi pazienza, il certificato di salute del dottor Fiordispini parla di un miglioramento delle tue condizioni, ma non di guarigione e, fintanto che il divorzio non è ufficiale, sono ancora tuo marito e mi tocca badare a te. Il dottor Schaufelbühl ti conosce da molti anni e devi avere fiducia in lui.

– La solita storia… Non sono mai stata malata di mente e tu lo sai benissimo.

Lui la guarda con freddezza, senza controbattere. Lei abbassa tristemente gli occhi, poi si avvolge nel suo scialle verde mandorla: grosse lacrime salate le bagnano le guance. Emilio guida più in fretta, la terra scorre, il cielo ha sempre più il colore dell'inchiostro.

Tra poco raggiungeranno Königsfelden. Dietro le mura di un manicomio Lidia sarà al sicuro e non potrà schierarsi dalla parte di Stauffer. Emilio approfitterà della momentanea apatia della moglie e, avvalendosi dell'esperienza dello psichiatra, le inculcherà l'idea che Carlo l'ha ipnotizzata e drogata per renderla accondiscendente. Se i due periti confermeranno la sua pazzia, tutto andrà come stabilito; se invece la dichiareranno sana di mente, l'accusa di stupro non sarà più sostenibile, ma ciò non cambierebbe nulla: se una moglie si dà a un amante in piena coscienza, qualsiasi tribunale svizzero permetterebbe il divorzio.

Con questi pensieri Emilio varca il grande cortile della clinica, che emerge dall'oscurità rotta appena dalle fievoli luci delle lanterne, delle finestre e delle stelle. Trascorre qualche giorno, Lidia non presta ascolto al ritornello dei medici, la sua mente è sorda, la sua anima stanca le impedisce di provare emozioni. Quando suo marito entra nella stanza per consegnarle una lettera dell'amante, la sua espressione e i suoi gesti rimangono freddi, solo le guance si accendono un poco. Con un senso di fastidio Emilio nota la leggera peluria che copre il labbro della moglie e che sembra sporco e si rende conto di non provare più un briciolo di attrazione fisica per lei.

La busta aperta è lì sul tavolo, Lidia legge:

Cara Lidia,

giovedì Santo sono stato a Roma e mi sono informato sul tuo stato di salute presso il direttore del manicomio. Egli mi ha riferito che eri serena e che sei partita con Emilio. È stata la prima notizia che ho potuto avere sul tuo conto dal giorno del mio arresto. Tu sai che sei l'unica donna che io abbia mai amato: da quando ti conosco traggo la mia forza unicamente dal tuo sostegno morale, e tutto ciò che ho fatto l'ho intrapreso soltanto per compiacerti. Sai pure che ho fatto l'impossibile per resistere alla tentazione... Lasciandomi, non rendi infelice soltanto me, ma anche la mia famiglia, cioè mia madre e i miei fratelli. Mi hai distrutto, hai spezzato il mio cuore, la mia forza, tutto quanto. Ho meritato questo? Quando ero legato e incatenato, nella vergogna e nella malattia, pensavo soltanto al nostro amore. È possibile che tu non abbia un cuore? Sai benissimo che non ho commesso alcuno dei misfatti di cui mi si accusa. Se vuoi distruggermi completamente, ti prego di farlo in fretta. Ti sei presa gioco di una vita ricca e piena di fuoco e amore, distruggendola. Ahimè, ancora non riesco a crederci. Non è possibile che tu voglia calpestarmi, pensa, un giorno Egli pretenderà da te la mia anima.

Tu mi conosci perfettamente, davanti a te sono come un libro aperto. Falla finita, in un modo o nell'altro. Sono disposto a sopportare qualsiasi cosa, se lo vuoi puoi dirmi che ti sei sbagliata sui tuoi sentimenti per me, ma non lasciare che io debba sprofondare nella vergogna. Non ho mai osato dire che mi appartenevi, ero felice di starti vicino. Avresti potuto continuare a essere una sorella per me e mi sarebbe bastato per tutta la vita, invece hai voluto che le cose cambiassero per noi e così mi hai distrutto. Ora è tutto finito, ogni speranza, ogni desiderio, tutto è passato. Prima di liberarmi di ciò che, senza il tuo amore e la tua amicizia non ha più alcun valore per me, desidero che tu mi scriva ancora due righe; è talmente poco quello che ti chiedo, perciò concedimelo. Non può essere che vuoi la mia rovina, non è possibile... Non ce la faccio più

Carlo

È come se la pioggia fosse caduta sulle pagine: le parole scorrono via come acqua, senza sapore, senza colore e senza odore.

Emilio sta per uscire dalla stanza, lei lo trattiene.

– Che valore può avere un contratto di divorzio se è firmato da una malata di mente?

– Non intendo bloccarti qui a lungo. Non appena avrai risposto nel giusto modo alla lettera di Stauffer potrai andartene!

Lidia scuote la testa senza tuttavia irritarsi.

Qualche giorno dopo...

Nella camera il letto è ancora disfatto. Lidia vi si distende e riflette sul proprio avvenire. Durante i mesi trascorsi in manicomio il futuro era un'idea che si era staccata da lei, faceva fatica a ricordarsi cosa volesse dire. Si sentiva come un granello di sabbia che rotola invisibile dalla cima di una montagna fino al mare, senza decisione propria. Ora però le si apre un varco, vede uno spiraglio di luce e, anche se la sua esistenza non sarà più felice, le saranno concessi ancora momenti di serenità. Il prezzo da pagare però, quello di seppellire il suo più terrestre e reale amore, sarebbe altissimo! Ma si può ancora chiamare amore un sentimento che da tempo si è mischiato al dolore e alla paura? Un sentimento deve poter crescere in libertà, il loro invece era stato colpito da un raggio invisibile e letale che lo aveva soffocato e sfigurato al punto da renderlo irriconoscibile. Ora né lei né Carlo avrebbero più potuto essere felici, e insieme lo sarebbero stati ancora meno. Eppure Lidia è combattuta e non può impedirsi di immaginare un ritorno di fiamma. Si sarebbe rannicchiata contro di lui, avrebbe appoggiato la testa nell'incavo della sua spalla, poi avrebbe preso ad accarezzargli i capelli, il collo, le spalle. Lo avrebbe fatto con molta discrezione e a lui quella discrezione sarebbe apparsa il segno del risveglio. E tutto sarebbe ricominciato da capo, lei avrebbe creduto nella sua arte, un omaggio alla bellezza della vita e alla capacità di sopravvivere al di là delle difficoltà.

Pura illusione, lo sa fin troppo bene. Occorre dimenticare tutto, il loro amore è destinato ad annegare nel mare dei Sargassi e a ricoprirsi di conchiglie. È questo il suo destino.

Lidia vorrebbe sparire, morire lì sul posto, volar via come una foglia secca e accartocciata. Ma non può farlo e così decide di concentrarsi unicamente sulla propria salvezza. Dovrà essere dura e spietata con Carlo, come esige suo marito, per rompere definitivamente anche il filo più tenue di un futuro legame. Per riuscirci si concentrerà sul suo futuro di donna sola, sempre meglio che non avere un futuro!

Intinge la penna nell'inchiostro, la sua carta da lettera è in una cartella aperta.

Facendosi forza scrive:

Signor Carlo Stauffer,

La sua lettera del 6 di questo mese mi è stata recapitata. Nella medesima, Lei afferma che sono stata io a voler cambiare la natura dei rapporti che ci legavano un tempo e che a Lei sarebbero così bastati per tutta la vita. Affermando ciò, Lei sa benissimo di mentire. In verità, quando eravamo a Firenze, Lei ha approfittato del mio precario stato nervoso per ingannarmi nel modo più increscioso. Ciò è l'unica cosa che possa constatare a questo punto. Non intendo affatto addentrarmi in ulteriori discussioni con Lei.

Lidia Welti Escher

Senza rileggerla consegna la lettera a suo marito.

Tra poco sarebbe stata libera di scegliere e impegnarsi in ciò che riteneva meglio per sé. In un primo tempo si sarebbe trasferita a Heidelberg, lontana dal marito, dall'amante e dal Consigliere federale, dove i Welti non avrebbero più potuto esercitare il loro potere, né farla ricoverare in manicomio. Heidelberg è una bella cittadina germanica, dove ci sono molti emigrati svizzeri di buona famiglia; lo stesso Gottfried Keller, pittore prima di diventare scrittore, vi aveva trovato l'ispirazione. Una volta libera Lidia avrebbe contattato un amico della famiglia Escher, a cui il padre in passato aveva assicurato una pensione. Ora è un uomo di ottant'anni, ma ancora lucido e competente, e lei è certa che l'aiuterà.

Il 26 marzo era stato stipulato il contratto di divorzio, che avrebbe avuto effetto giuridico solo dopo la perizia psichiatrica dei due periti romani. Lidia aveva voluto porre fine al più presto alla dolorosa vicenda che stava per distruggerle anche il presente. Non aveva avuto la possibilità di informarsi sui propri diritti: la sua corrispondenza era stata minuziosamente controllata e le sue lettere, mai spedite al destinatario, erano state consegnate al marito. Emilio, dopo essersi fatto consigliare dal padre e dai suoi colleghi avvocati, aveva preteso un risarcimento altissimo e aveva lasciato a Lidia unicamente ciò che aveva portato al matrimonio, da cui erano stati dedotti il risparmio effettuato durante la loro unione, le spese giuridiche e quelle mediche.

Più tardi Lidia si era domandata come avesse potuto il suo ex marito strapparle oltre un milione di franchi se fino a poco prima l'aveva dichiarata malata di mente. Ma intanto il contratto lo aveva firmato!

Bienne

È primavera. Dall'ampio balcone di legno, che in inverno si copre di neve e di scricchiolanti lastroni di ghiaccio, ora si vede il grano verdeggiare al sole mattutino. Nel giardino è stesa ad asciugare la biancheria: calzini scuri, lenzuola bianche, vesti di casa scolorite e luminose magliette bianche.

Le due cognate bevono il caffè nel salotto di casa e chiacchierano. La morte di Rudolf, marito dell'una e fratello dell'altra, ha provocato in loro l'inevitabile smarrimento che si prova quando qualcuno che abbiamo amato ci lascia.

Rudolf Schärer, professore universitario e direttore dell'ospedale psichiatrico di Berna, era padre di 14 figli ed era un uomo stimato e apprezzato per la sua competenza e per la sua grande umanità. Per chi lo ha conosciuto il suo tramonto ha significato buio e dolore. Durante i suoi ultimi anni di vita la gioia di vivere lo aveva progressivamente abbandonato, lasciando il posto a quella depressione che egli aveva così spesso curato nei suoi pazienti, che si era fatta strada in modo subdolo e aveva trascinato nella notte la sua casa, sempre così gioiosamente viva, i suoi numerosi interessi intellettuali, gli affetti e tutto ciò che gli era stato più caro. A 66 anni era stato costretto a rinunciare al suo incarico per ritirarsi in un luogo protetto, nelle vicinanze della clinica psichiatrica che per molti anni aveva diretto, e un anno dopo era deceduto.

– Mi è dispiaciuto di non aver potuto partecipare al funerale di mio fratello, ma come sai, gli eventi degli ultimi mesi me lo hanno impedito! – esclama Luisa, pensierosa.

– È stato un funerale degno di lui. Ci siamo attenuti ai suoi desideri: una bara di legno di ciliegio portata a spalla da quattro dei nostri figli, una cerimonia semplice e solenne, pochi discorsi e molta musica. Dietro il feretro il corteo era folto, una marea di uomini vestiti di nero col cilindro in testa, molte donne e bambini e anche qualche suo paziente.

Luisa prova un momento di smarrimento e di malinconia, poi i pensieri la riportano a suo figlio, a quei suoi occhi spenti in cui si legge lo sconforto di un animale abbandonato. Carlo, nel pieno vigore degli anni, è un uomo disfatto dalla sua stessa vita, un'alga priva di energia.

Rosalia guarda nella direzione del sole, sulle fredde pareti color seppia si riversa una luce calda e tranquilla.

– E Carlo come va? – le chiede, come se le avesse letto nel pensiero.

– Come vuoi che vada? Fintanto che i Welti non ritireranno la denuncia, la sua vita resterà difficile. A Berna hanno approfittato del suo ricovero in clinica per lavorare contro di lui; calunnia e diffamazione non gli sono state risparmiate. Ora i conoscenti lo evitano, addirittura cambiano strada quando lo incontrano e ciò non è certo un incentivo al lavoro. D'altro canto la pittura, che sin da bambino è sempre stata la sua grande passione, ora è diventata un mezzo indispensabile per guadagnarsi da vivere.

– La gente è mal informata… l'unica cosa che sa dire è che il soggiorno di Carlo a Roma è costato molto denaro alla famiglia Welti.

– Altra grande menzogna! Se penso al numero di fatture che Edo ha dovuto pagare per spese giuridiche e amministrative nel tentativo di farsi giustizia, e se considero la perdita di guadagno di entrambi i miei figli, posso assicurarti che è Emilio il nostro debitore e non viceversa!

Luisa tiene ancora tra le mani la tazzina del caffè, ma all'improvviso quel liquido amaro le dà un senso di nausea e si mette a rimescolarlo con il cucchiaino senza più voglia di berlo.

– Se permetti vorrei farti leggere la lettera che ho scritto ieri sera a Emilio Welti.

La cognata legge:

Egregio signore!

Alcune settimane fa mio figlio Carlo è tornato dall'Italia in uno stato di depressione malinconica che non lascia speranze e induce a temere il peggio per il futuro. Con i modi che Lei ha usato per metterlo sotto accusa e farlo arrestare, lo ha privato di tutto, della sua esistenza, della reputazione di uomo onesto e della sua salute. Le rivolgo queste righe come una madre che ha sofferto atrocemente a causa della sventura che ha colpito il figlio e con lui tutta la nostra famiglia. A detta del dottor Fiordispini, la signora Welti, sul cui stato di salute mentale di allora non esiste ancora alcun attestato, è ora nuovamente in buoni rapporti con Lei, ma nonostante ciò Lei finora non ha ritirato la denuncia. Sapeva che Carlo, non appena giunto a Roma, si era messo a lavorare estate e inverno oltre il limite delle sue forze per realizzare l'opera d'arte destinata alla sua villa di Zurigo, con cui intendeva anche affermarsi come scultore. Lei sa anche che la stessa signora Welti lo aveva richiamato a Zurigo perché preoccupata per la propria salute, e che egli aveva abbandonato la sua opera senza indugio per dare seguito alla sua richiesta. Appena arrivato a Zurigo, apprese che Lidia, nel frattempo, aveva maturato l'idea di trasferirsi a Firenze. A questo punto mio figlio, che aveva già lasciato Roma in uno stato di affaticamento mentale, invece di trovare la tranquillità di cui aveva bisogno, ha dovuto affrontare il compito, oltremodo impegnativo, di organizzare il vostro trasferimento a Firenze. E come amico di famiglia, non se l'è sentita di rifiutare. Nelle quattro settimane trascorse a Zurigo, egli non ha neppure trovato il tempo di far visita a me, che sono sua madre.

Non ho la minima intenzione di giustificare mio figlio, ma l'ho perdonato perché sono convinta che, se si fosse trovato in uno stato mentale normale, egli non avrebbe mai dimenticato i suoi doveri verso di Lei.

Il processo, che ha comportato la disdetta del suo atelier a Roma, il viaggio di Edoardo e l'interruzione del suo lavoro, la prigione e la malattia, hanno causato dei costi talmente elevati da inghiottire tutti i risparmi di Carlo, costringendo me, che sono una vedova senza reddito, a partecipare alle spese. La situazione descritta e il fatto che il lavoro di due anni, nel quale Carlo aveva riposto tante speranze, sia rimasto incompiuto, gli impediscono di proseguire nella carriera finora intrapresa e non vedo come egli possa, nel suo attuale stato mentale, costruirsi una nuova esistenza.

Ora mio figlio si comporta con più calma nei confronti delle altre persone, perché la sua malattia, dopo la carcerazione, le umiliazioni e il trattamento indegno a cui è stato sottoposto, è entrata in una fase depressiva. Lei non deve quindi più temere alcuna vendetta da parte sua: egli stesso ora ammette di averla a volte pesantemente ingiuriata nei momenti di agitazione patologica. Inoltre posso assicurarLe che nessun membro della nostra famiglia ha mai approvato il suo comportamento; se così non fosse, di sicuro non avremmo esibito con piena fiducia a suo padre tutte le lettere inviate da Carlo. Purtroppo Edoardo, al contrario di me, non ha creduto subito che suo fratello fosse malato di mente e se ne è reso conto soltanto alla seconda visita in carcere, mentre Lei ce lo aveva comunicato per telegrafo già da Firenze. Comprendo che i rapporti tra Lei e Carlo si siano interrotti, ma La prego di voler finalmente ritirare l'infelice denuncia contro di lui.

Luisa Stauffer, nata Schärer

– Gli hai detto ciò che pensi senza condannarlo o aggredirlo verbalmente. Non so se al tuo posto ci sarei riuscita.

– Mi auguro soltanto che ritiri la denuncia, altrimenti non voglio avere più niente a che fare con la famiglia Welti – conclude Luisa risentita.

Berna, 30 maggio 1890

Gli hanno telefonato da casa per dirgli che è arrivata posta da Roma. Welti spera che il responso psichiatrico sia positivo, ha fretta di chiudere il caso. Con studiata indifferenza si allontana dal Palazzo federale, la carrozza è già in attesa. Il cocchiere attacca il calesse, subito dopo i cerchioni delle ruote si imprimono sulla strada maestra, liscia, quasi insaponata.

Il pranzo è pronto da un pezzo, ma il Consigliere federale non si muove dal suo studio. La domestica insiste, lui risponde di non avere appetito. Il responso dei periti l'ha messo di cattivo umore. Nervosamente ne rilegge la conclusione:

Dopo aver constatato il grande talento della signora Welti, la sua inconsueta formazione, la grande sensibilità, la profonda moralità, le sue capacità affettive e la sua straordinaria forza interiore, possiamo affermare che il suo spirito non soltanto è sano, ma addirittura gode di un perfetto equilibrio. Dopo un così pesante destino, dopo averla interrogata per ore anche su questioni per lei poco simpatiche, non abbiamo constatato un minimo di incoerenza nelle sue idee, nessuna irregolarità, nessuna incongruenza nell'associazione di idee, nessuna contraddizione o vuoto di memoria e soprattutto nessuna idea fissa. Asseriamo quindi di non capire la diagnosi di «delirio sistematizzato», che ha richiesto il suo ricovero in questo manicomio romano: non abbiamo trovato un solo punto che la giustificasse.

In base agli esami fatti alla signora Lidia Welti e agli accertamenti fisici e psichici effettuati possiamo affermare che, benché ci sia dell'egocentrismo nel suo comportamento e una certa bizzarria in alcuni suoi pensieri e in alcune sue opinioni, il suo spirito si trova in un perfetto stato psicologico e non soffre di alcun disturbo psichico.

In fede
Prof. Dr. Nicola De Pedys
Prof. Dr. Rinaldo Roseo

Il Consigliere federale è teso, le sue labbra sono strette in un'espressione determinata e ansiosa.

Se la perizia psichiatrica di Lidia verrà spedita a Berna, l'istanza bernese responsabile pretenderà la visione degli atti e la verità verrà a galla. In questo caso verrà accolta la contraccusa di Stauffer, che pretende il risarcimento dei danni, e la stampa non sarà più disposta a tacere.

Il Consigliere federale ora ha paura. Conosce la legge e sa che in Svizzera non è permesso influenzare il tribunale. Toccherà quindi a Bavier fare in modo che la perizia psichiatrica venga trattenuta a Roma. Ma ne sarà capace?

Resta a lungo a riflettere, succhiando la pipa spenta.

– Rinunciare al proseguimento del processo sarà più semplice che ritirare la denuncia – conclude.

Accende un fiammifero, tira distrattamente una boccata e pensa alle direttive da dare al figlio.

Berna, 4 giugno 1890

Mi sembra di aver perso un pezzo della mia anima, non realizzo cosa mi stia succedendo, un dolore lancinante mi prende all'altezza della spalla, ho il sospetto che mi abbiano ricacciato in prigione o riportato in manicomio. Apro gli occhi, vedo la schiena di una poltrona e uno specchio incorniciato, che riflette l'immagine di un uomo che non conosco. Gli chiedo chi è, lui si gira dalla mia parte con aria sorpresa e riconosco il suo viso sottile, il naso e il mento troppo a punta per i canoni estetici consueti. È Adolfo Hildebrand, l'uomo che ha sempre saputo togliermi dai pasticci! Il nebbione che avvolge il mio cervello si dilegua e finalmente ricordo tutto con chiarezza: il ponte deserto, l'acqua del fiume che ha il colore del mare verso cui si dirige, il giardino botanico pieno di fiori luminosi come porcellana, alcuni a stella venati di viola, altri bianchi, forse delle peonie, vestigia di vecchie aiuole, che drizzano al di sopra dell'erba le loro teste bianche. La bellezza di questi fiori e il profumo primaverile che mi impregna la pelle non sono sufficienti a farmi desistere dal mio folle gesto. Sono apatico, percepisco un vuoto nella testa e nella pancia, – a cosa mi è servito il mio tempo – rifletto – se non a farmi trovare in questa terribile angoscia, dove non vedo più un'unica pannellata di luce? – Stanco di lottare e di vivere, ho bisogno di quiete e di pace, voglio uscire di scena e tornare allo stadio inanimato, ma liberarmi da questo corpo non è come spegnere la luce, devo impugnare la pistola che ho in tasca e premere il grilletto, ma prima che tutto finisca sarò costretto a vedermela con il dolore, quello vero, e non dev'essere uno scherzo, Bum, ... Buio, non ricordo nulla, al mio risveglio il male fisico vola al di sopra di tutte le sensazioni, un tormento indefinibile, galleggio sul dolore come un insetto che vive su una foglia acquatica.

Adolfo, al capezzale del mio letto, dice che sono stato fortunato, il colpo ha raggiunto il pericardio, non il mio cuore. – Sei troppo giovane per morire, vedrai che vincerai il processo e i Welti pagheranno la tremenda ingiustizia che vi hanno fatto subire! –. Mi esorta, una volta guarito, a riprendere il lavoro, a portare a termine l'Adorante e ad accettare l'incarico del direttore di un importante museo di Berlino, che mi propone di salvare le opere incompiute di un noto pittore tedesco, prematuramente scomparso.

Ascolto con gratitudine e con tenero scetticismo le sue incoraggianti parole, poi il sonno mi riprende, mi rannicchio sotto il lenzuolo come un flessibile feto e mi addormento. Al mio risveglio Hildebrand è sparito.

Trascorre qualche giorno, mi sento decisamente meglio, ma le mie forze interiori sono esaurite. Hildebrand torna a trovarmi, è accalorato e, impaziente di consegnarmi una busta, non riesce a contenersi.

– È la decisione finale del Tribunale federale! – esulta.

«Secondo gli articoli 199, 250 dell'ordinamento della procedura penale e le conclusioni dell'istanza di Stato, il Tribunale dichiara *che il processo non può proseguire per inesistenza di reato*».

Ancora non riesco a crederci, sono costretto a rileggere prima di scoppiare in una fantastica risata. D'ora in avanti avrò il diritto di essere di nuovo orgoglioso del nome che porto! Voglio che la decisione del Tribunale diventi pubblica, è ora che la gente sappia a quale mostruosa calunnia sono stato sottoposto. La notizia dovrà varcare i confini ed estendersi a Roma, Berlino e Monaco, affinchè tutti vengano a conoscenza dei fatti: la fuga, l'arresto illegale, il mio trasporto a Firenze, il ricovero di Lidia in manicomio, per poi scoprire, quattro mesi più tardi, che è perfettamente sana di mente... fino al mio tentato suicidio. L'ignobile procedere e l'abuso di potere dei Welti risveglieranno nel pubblico quel sentimento di giustizia che per troppo tempo è stato ignobilmente calpestato. Questa non è una semplice storia privata, è una questione pubblica: in uno stato di diritto ritenuto civilizzato non dev'essere permesso perseguitare in questo modo un cittadino, semplicemente perché fugge con una donna.

Adolfo è un vero amico, uno di quelli che agisce e non si limita a leccare la panna, come i gatti...

Sono stato dimesso dall'ospedale, mi trovo di nuovo a casa, a Bienne. I giorni passano sulle scale di legno, sul pianoforte chiuso, sulla mia giacca di pelle scamosciata, così consunta da parere lucida.

Quando meno me lo aspetto la luce riappare e una nuova opportunità mi chiama. Questa volta non faccio marcia indietro.

Firenze, gennaio 1891

I signori Hildebrand abitano in un palazzo medievale con alte finestre che si affacciano su una piazza incantevole e piena di vita, almeno di giorno, perché quando scende la sera è vuota e spesso avvolta dalle nebbie che salgono dall'Arno.

È notte fonda e da una finestra illuminata si allunga una pallida striscia di luce, segno che, nonostante l'ora tarda, i coniugi Hildebrand sono ancora alzati. Nella camera da letto Adolfo si leva silenzioso le scarpe, quindi a testa bassa, da sotto il guanciale prende il pigiama e con la coda dell'occhio guarda la figura aggrovigliata sotto il piumone.

– Dormi? – chiede alla moglie.

– No, continuo a pensare al funerale, Carlo era ancora tanto giovane...

– Se la sua ultima opera fosse stata premiata, avrebbe ritrovato la fiducia in se stesso e l'equilibrio necessario per continuare a creare, e forse adesso sarebbe ancora qui. La sua scultura meritava un riconoscimento che la giuria non ha voluto attribuirgli.

– È strano come anche il mondo culturale gli abbia voltato le spalle: malgrado il ritiro dell'accusa, la stampa, a eccezione del «Journal du Jura», ha continuato a tacere, non un solo accenno all'atto illegale della denuncia, di cui sono pure responsabili i giudici che hanno istruito il processo, né al grave abuso di potere da parte delle nostre autorità federali. È disgustoso e immorale! Ora che Stauffer non c'è più, si preoccupano solo di sapere se si è trattato di suicidio oppure, come ha sostenuto il medico, di un arresto cardiaco, causato da un'eccessiva dose di sonniferi; pochi si interrogano sui motivi che hanno spinto Carlo verso la morte.

– Questi pensieri non ci fanno dormire, sono già le due, non vuoi spegnere la candela?

Maria soffia sulla fiamma. Rimangono nell'oscurità, ma i loro pensieri non si spengono al buio.

Durante i mesi precedenti Adolfo era stato particolarmente vicino a Carlo e aveva cercato di convincerlo a lasciarsi alle spalle il passato, spronandolo a rimettersi al lavoro. Proprio in quel periodo un comitato di cultura era intenzionato a regalare alla città di Berna la scultura di Adrian von Bubenberg, l'uomo che nel 1476 aveva coraggiosamente difeso Morat dall'assedio delle forze di Carlo il Temerario. A questo scopo era stato indetto un concorso, in cui si chiedeva ai candidati di ritrarre l'eroe bernese come uomo di Stato e nel contempo come guerriero.

Carlo, assillato da molti dubbi, aveva trascorso lunghe ed estenuanti notti insonni prima di decidere, grazie soprattutto alle insistenze di Hildebrand, di partecipare al concorso. A fine settembre era partito per Firenze, dove Adolfo gli aveva generosamente messo a disposizione il suo atelier, che era spazioso e molto luminoso. Si era subito messo al lavoro e, dopo aver eseguito svariati schizzi preparatori, aveva creato una prima figura in creta, un cavaliere munito di scudo, spada ed elmo. L'armatura in ferro, in scala così ridotta, sarebbe stata un'impresa ardua, ma con un accurato e paziente lavoro era sicuro di potercela fare. Dietro alla lucida corazza il cavaliere avrebbe avuto forme gradevoli e vive, e avrebbe evocato l'immagine di un uomo di Stato dalla volontà forte, in una corazza dura, un guerriero al servizio della comunità! Nell'espressione e nello sguardo suggestivo dell'eroe nazionale, Carlo aveva concentrato ancora una volta tutta la sua abilità di ritrattista.

Hildebrand si mette sul fianco con la testa appoggiata all'avambraccio e la faccia rivolta verso la moglie.

– Non puoi girarti dalla mia parte quando ti parlo?

– È da dieci anni che mi duole la spalla sinistra, dovresti saperlo. Riesco ad ascoltarti benissimo anche se ti volto la schiena.

Il marito infila una gamba tra le sue e le cinge le spalle.

– Mi sto chiedendo cosa avrei potuto fare per salvargli la vita. È probabile che se Carlo avesse alloggiato a casa nostra si sarebbe sentito più tranquillo, ma aveva questa idea fissa del convento.

Carlo voleva vivere come un monaco e allo stesso tempo cercava un rituale che gli desse la possibilità di soddisfare la sua missione artistica. Era persuaso che il ritiro spirituale fosse l'unico modo per ritrovare la pace interiore e aveva scoperto, nel Württemberg, un monastero che possedeva una fiorente scuola di arte religiosa. Il priore del convento, però, si era rifiutato di accoglierlo per via del suo passato burrascoso, e così si era rivolto al Collegio San Beneventura di Firenze dove, per diventare cattolico, aveva accettato di prendere lezioni di catechismo. Dopo pochi mesi però la sua fede aveva iniziato a vacillare, oltretutto era figlio di un pastore protestante e se si fosse convertito al cattolicesimo avrebbe arrecato un grande dispiacere alla madre, a cui era molto legato. A metà novembre aveva portato a termine il suo Adrian von Bubenberg, un cavaliere sobrio, che non aveva nulla di teatrale e di appariscente, ma che avrebbe attirato l'attenzione proprio per la sua lineare semplicità. Benché temesse di non soddisfare le aspettative della giuria, che probabilmente avrebbe preferito una scultura più imponente, Stauffer era rimasto fedele a se stesso: non avrebbe mai potuto creare un'opera soltanto per il successo! Certo di essere apprezzato dagli intenditori d'arte, pensava che se avesse vinto un premio sarebbe stato nuovamente accolto nella società che lo aveva messo al bando. Si era dedicato al nuovo lavoro con assiduità e perspicacia, e dal suo corpo forte si era irradiata quasi tutta l'energia di un tempo. Quando però gli era giunta notizia che il premio era andato a un altro artista, tutto si era smorzato all'improvviso; gli restava la disperazione e il vuoto penoso del mondo circostante.

Attraverso lo scrosciare del vento e degli alberi Adolfo sente, lontano e greve, il rintocco delle campane. Immagina il cimitero protestante «Agli Allori» tutto in disordine, il vento che butta in giro i fiori e i rami secchi, l'erba gialla che ondeggia dolcemente intorno alle croci e alle pietre tombali, poi il suo pensiero si ferma su una corona ornata di piccole rose scure e compatte e sulla fascia, ben visibile, l'iscrizione dorata: «In ricordo del mio indimenticabile amico» firmato: Lidia Escher-Welti.

Ma dove era andata a finire Lidia? Da quando era ufficialmente divorziata, nessuno, neppure l'ex marito, sapeva dove si trovasse, ma a quanto pare non si era dimenticata di chi l'aveva così profondamente amata.

Ginevra, giugno 1891

Un mare arancione si riversa sui tetti delle case e getta un sentiero di fuoco sul lago. Lo sguardo stanco di Lidia si smarrisce nella luce rassicurante e disperata di un sole in posizione di resa, che pure non diminuisce il suo volume di fuoco. Avrebbe voglia di andarci dentro, a questa luce, non può resistere a quei tramonti bellissimi e tanto brevi.

A Ginevra si sente sola. Privata d'affetto, di stima, di riconoscimento, è un corpo in caduta libera nel vuoto. Per la strada ogni cosa le sembra triste: tristi le vetture, le case, i passanti, le botteghe. Sparita la luce rossastra dell'ultimo sole persino il lago si spegne, ma la cosa più malinconica è quando a letto si sveglia, e comincia a far chiaro, e poi arrivano i passeri e lei sente il primo chiacchiericcio degli uccelli, e il loro suono diffuso e ordinato le provoca un grande senso di inutilità; in simili frangenti vorrebbe chiudere gli occhi e addormentarsi di un sonno profondo, l'ultimo, forse il più dolce. Vorrebbe andarsene dalla terra in punta di piedi ma gloriosamente, come fa il sole, che, dopo l'ora del tramonto, per molto tempo ancora, lascia una scia luminosa nel cielo.

Da quando il divorzio e la sistemazione giuridica del capitale si sono conclusi, Lidia è finalmente libera di disporre del proprio patrimonio. Non ha figli, non ha parenti finanziariamente in difficoltà e non ha intenzione di scialacquare la sostanza ereditata dal padre in capricci e desideri frivoli. Avrebbe donato il proprio patrimonio alla Confederazione e istituito una Fondazione a favore dell'arte e dello sviluppo; ciò sarebbe stato un incoraggiamento all'indipendenza femminile, per lo meno in campo artistico e artigianale. Gli utili sarebbero stati impiegati per l'acquisizione di opere di artisti svizzeri, in particolare di opere d'arte minacciate di essere trasferite all'estero, e ciò sarebbe stato un incentivo per molti musei del suo paese. I titoli di credito e le proprietà appartenevano alla famiglia Escher, di conseguenza la Fondazione si sarebbe chiamata Welti-Escher. Un gesto nobile che sarebbe stato apprezzato anche da suo padre, se fosse stato ancora in vita.

Lidia quando ha un'idea valida vuole concretizzarla al più presto, per questo si mette subito in contatto con il suo avvocato.

Il 31 agosto del 1891 la signora Welti-Escher riceve inaspettatamente una lettera dal suo ex marito.

Diamo alla Fondazione un nome degno della tua azione, che non passerà fintanto che esisterà l'arte. Il nome che gli abbiamo dato è: Gottfried Keller. Tramite la tua Fondazione onorerai l'uomo che fu il tuo amico. Questo merito ti sarà riconosciuto in tutto il paese, riconciliando coloro che, come noi, pensano sia giusto consacrare la Fondazione all'arte e quelli che invece avrebbero voluto spendere in altro modo quel denaro. Una «Fondazione Gottfried Keller» potrà essere soltanto per l'arte, questo lo capiranno tutti. E poi, grazie a essa, riconcilierai i zurighesi, che si sentiranno onorati, essendo i concittadini di Gottfried Keller. Mi occuperò personalmente di far modificare in questo senso il nome della Fondazione. Domani mattina aspetterò un tuo telegramma in cui mi farai sapere se sei d'accordo, ma so fin d'ora che lo sarai e sono molto orgoglioso di questa soluzione. Anche mio padre, che è venuto a rendermi visita oggi, la trova la decisione migliore: il progetto avrà così la consacrazione che si merita! Egli non dubita un solo momento che tu potresti opporti ed è convinto che farai la cosa giusta. Immagina come si illuminerebbero gli occhi di Keller se venisse a saperlo. Suono molto il violino, ma niente mi rallegra di più che poter collaborare al tuo bel progetto. Ho sempre sperato in una simile occupazione. Domani mattina, quindi, aspetto il tuo telegramma su cui sicuramente ci sarà scritto: «D'accordo», non è vero?

Emilio non lascia alcuno spazio di azione all'ex moglie, e lei, di solito molto determinata, non ha più la forza di ribellarsi. Come già successo al suo amante, gli eventi hanno spezzato la sua volontà e la sua personalità, ma non la sua mente, sempre perfettamente lucida.

Emilio ha modificato il nome della Fondazione perché il suo cognome sarebbe stato fuori luogo, dal momento che egli non aveva minimamente contribuito al suo capitale, semmai, con il divorzio, lo aveva diminuito. Ma vi è anche una seconda ragione. L'unione dei loro due cognomi avrebbe incuriosito i cittadini e fatto riemergere ancora una volta l'affare Escher-Stauffer, e la verità avrebbe fatto perdere ai Welti credibilità e dignità. Lidia vorrebbe ribadire che il legame tra Gottfried Keller, il patrimonio di suo padre e l'idea di creare una collezione d'arte non è abbastanza stretto per giustificare il nuovo nome. Oltretutto la Fondazione non prevede il promovimento della letteratura e, come pittore, Keller non è abbastanza affermato per giustificare la scelta del suo cognome. Invece tace, scoppiando in un pianto di rabbia che non riesce ad attutire la sua tensione.

Un'ora più tardi scrive al suo avvocato, asserendo di voler cambiare il nome della Fondazione.

Ginevra, 1 dicembre 1891

Un signore giovane, di altezza superiore alla media, con il volto ben rasato, cammina con l'aria di chi abbia una meta e un'intenzione verso l'Avenue Beau Séjour, dove si trova la Villa Chapel, residenza della signora Lidia Welti-Escher. L'uomo ha un appuntamento con lei, ma ancora prima che suoni il campanello gli viene incontro una domestica e gli riferisce che la signora Welti non può riceverlo perché sta poco bene.

Otto Brahm, un noto storico letterario e critico teatrale, ha fatto parecchie ore di viaggio per andare fin lì e vorrebbe almeno salutarla, ma la domestica riferisce che la signora non vuole vedere nessuno.

– Le dica che trascorrerò la notte nell'albergo che mi ha riservato. Se nel frattempo dovesse stare meglio sa dove trovarmi!

– L'albergo si rivela molto centrale, molto grande, ma non si distingue per eccessiva eleganza. Forse a causa dei mobili di acero scuro o del pavimento di legno, che non è mai stato verniciato.

Brahm depone la sua borsa da viaggio sul comò e scende al pianterreno, dove ha intravvisto un vecchio bar vittoriano tutto in legno e pochi clienti, sparsi qua e là. Attirato da un fresco profumo di anice ordina un liquore, ma non fa in tempo a berlo che lo raggiunge il cameriere per riferirgli che una signora lo sta aspettando alla réception. Nella penombra azzurrina dell'atrio, infatti, Brahm scorge quella che crede essere la signora Welti, una donna bruna e carina. Quando le si avvicina, però, si accorge dell'errore e riconosce la domestica, che si è cambiata d'abito e si è raccolta i capelli dietro alle orecchie con un fermaglio. Dal portamento eretto e dai modi educati Brahm capisce che ha classe e che ha lavorato in case altolocate.

– La mia padrona mi ha pregato di consegnarle questo pacco!

Lui ringrazia e si informa sulla salute della signora.

– È da tanto tempo che è malata?

– Da due settimane, ma non si tratta di una vera e propria malattia.

Lo fissa con i suoi grandi occhi scuri e Brahm intuisce che vorrebbe aggiungere qualcosa.

– È una cosa grave, non so se faccio bene a parlargliene.

Lui tace, lei si lascia andare alle confidenze.

– La prego, usciamo da qui. Potrebbero esserci delle orecchie indiscrete!

Lo storico letterario e la domestica passeggiano nell'antico parco dell'albergo.

Grandi foglie rossastre scivolano sul sentiero ombroso.

– Hai l'autunno nei capelli – le dice lui, togliendole delicatamente una foglia, caduta casualmente sul suo fermaglio.

La domestica gli sorride, ma il suo sorriso si spegne subito.

– Due settimane fa la signora ha tentato di togliersi la vita. Si è allontanata da casa col pretesto di fare una passeggiata e si è gettata nell'Arve. Voleva annegarsi, ma non ci è riuscita ed è tornata a riva fradicia e tremante dal freddo, con il corpo coperto di lividi e la testa sporca di terra e di sangue. Ricordo che aveva i vestiti incollati alle gambe e al tronco e che l'acqua colava da tutte le parti. Poi la sera le è venuta la febbre alta e ho chiamato il medico condotto, che le ha diagnosticato una bronchite. Per una settimana ogni suo movimento le ridestava una spiacevole sensazione di umidità e di freddo. Ora grazie a Dio sta meglio, ma non vuole ancora alzarsi dal letto e ripete in continuazione di voler andarsene al più presto da questo mondo!

Brahm ascolta sconcertato le parole della domestica e intanto si allaccia la giacca.

– È una notizia che mi rattrista e mi preoccupa. Le stia vicino, mi raccomando, la signora Welti potrebbe aver bisogno di lei.

– È per questo che ora devo rientrare...

Raggiungono la terrazza dell'albergo, una specie di ampio balcone proteso sul lago; il signor Brahm afferma che per lui è molto importante incontrare la signora e che tornerà non appena sarà disposta a riceverlo. Attraversano la sala. La domestica si fa largo con passo sostenuto tra i camerieri e i tavoli e si dirige all'uscita. Brahm si ritira nella sua stanza, dove le ultime briciole di luce aleggiano sulle poltrone e sul letto. Per un breve istante sul muro vede l'ombra guizzante della sua testa e quella del pacco che tiene tra le mani, poi le ombre scompaiono. Brahm apre il pacco. Dentro c'è una scatola laccata, che contiene un quaderno su cui sta scritto: «Riflessioni di una donna». Sono pensieri scritti da Lidia durante il suo ricovero nel manicomio di Roma. Brahm sfoglia distrattamente i fogli, alcuni sono scritti in tedesco, altri in francese o in italiano. Le pagine palpitano tra le sue dita come le ali di una farfalla a cui viene restituita la libertà. Sono riflessioni filosofiche sulla religione, sulla natura, sull'arte e sulla letteratura, in cui l'autrice trascrive in massime ciò che ha letto e imparato. Brahm è pieno di ammirazione per quella donna intelligente e colta e riconosce nei suoi pensieri un grande potenziale culturale e psicologico.

All'interno del quaderno trova una lettera indirizzata a lui. Righe ben allineate, vergate con una grafia appuntita.

La ringrazio per aver difeso il mio amante. Mentre quasi tutti gli altri lo hanno condannato, Lei ha avuto il coraggio di rimanergli amico. Per dimostrarLe la mia riconoscenza Le mando le lettere che lui mi ha scritto durante 4 anni e La autorizzo a farne una copia. Per il momento preferirei che non le pubblicasse e questo per rispetto al mio ex marito, che nei miei confronti ha mantenuto tutti i suoi doveri e, malgrado io l'abbia offeso, mi è rimasto ancora amico. Soltanto io sono responsabile della morte di Carlo e io sola ho il dovere, verso il caro estinto, di consentire alle persone che gli sono state vicine di farsi un'idea della nostra relazione. Queste lettere sono la prova che essa si è basata su una seria amicizia, su un'analogia di carattere e su una medesima concezione di vita; sono pagine che dimostrano un insolito entusiasmo nei confronti dell'arte, una descrizione suggestiva e colorata delle atmosfere del Bel Paese e ciò testimonia la grande sensibilità artistica di Carlo. Ignorando queste lettere gli si farebbe un grande torto, per questo voglio che siano custodite in mani degne e affidabili.

Mi faccio dei seri rimproveri per non aver trascorso gli ultimi anni della sua vita con lui. Non avevo alcuna idea che soffrisse, i suoi diari mi hanno sempre dato informazioni rassicuranti. Non ho riguardi verso i pregiudizi della società, che non mi impediscono di stare dalla sua parte, anzi per dare alla nostra lunga relazione un alito di poesia penso che dovrei anticipare la mia morte.

È l'ora di cena. La sala è affollata di gente ben vestita e cordiale, risonante di bei discorsi. A Brahm quell'atmosfera sembra fin troppo ovattata, se Lidia non gli avesse riservato la camera, probabilmente sarebbe già partito quella sera stessa.

Ginevra, 15 dicembre 1891

È una delle giornate più brevi dell'anno. La luce del mattino è eccessivamente fioca, come priva di sostanza, ma non è il suo pallore lattiginoso a far trasalire la domestica, bensì il vuoto gelido e silenzioso della casa. Se non fosse per il crepitare del fuoco nella stufa, quel silenzio le ricorderebbe il Mar Morto, immobile e inanimato.

La signora Welti si è tolta la vita lo scorso 12 dicembre. È entrata in bagno senza chiudere la porta a chiave e due ore più tardi la domestica ha udito il rumore di qualcosa di pesante cadere a terra. Allarmata si è precipitata in bagno e ha trovato la signora in fin di vita, riversa sul pavimento. – Il gas! – ha urlato spaventata, e ha subito chiuso il rubinetto e aperto la finestra. Tastando la fronte della sua padrona, la ragazza l'ha sentita ancora tiepida, il petto e le mani però erano sgradevolmente freddi. Il medico è arrivato sul posto un'ora più tardi, ma non ha potuto fare altro che constatare il decesso della donna.

Lidia aveva aperto la conduttura del gas dello scaldabagno, aveva inalato quella sostanza incolore e inodore ed era svenuta. Tutto le era ballato attorno. In un estremo anelito vitale aveva lottato contro grandi ondate gelide, ma era molto stanca e all'arrivo dell'angelo nero, che le aveva promesso la quiete e la pace eterne, aveva finalmente scelto di non respingerlo e non si era più riconciliata con la vita.

La domestica spalanca la finestra per far entrare un po' di aria fresca. Fuori i corvi sentono la pioggia e volano rumorosamente da un albero spoglio all'altro. È l'ultimo giorno che la ragazza trascorre in quella casa ed è l'ultima volta che pulisce quelle stanze. Quando sente suonare il campanello non ha idea di chi possa essere.

– Permesso...

È di nuovo il signore dell'altro giorno, forse non sa che la signora è morta. La ragazza lo fa entrare e glielo dice, ma lui lo sa già. Avrebbe voluto partecipare al funerale, ma l'ora e il luogo della cerimonia erano stati tenuti segreti fino all'ultimo momento e lui era arrivato all'ora sbagliata. Le mostra un trafiletto che ha trovato sulla *Neuezürcherzeitung*.

Il funerale ebbe luogo al cimitero Plainpalais, dove è stato comperato un posto per deporre la salma. C'erano pochissime persone, anche perché fino a questa mattina l'ora del funerale è stata tenuta segreta. Al cimitero comparvero il Consigliere federale e suo figlio e i lontani rappresentanti del Consiglio federale. Una corona di fiori rossa e bianca è stata deposta sulla sua tomba con la scritta: il Consiglio federale. Non è stato tenuto nessuno discorso.

– Adesso capisco perché erano così in pochi al funerale. La mia padrona era figlia del fondatore della galleria del San Gottardo ed era conosciuta e famosa, soprattutto a Zurigo. Mi aspettavo che ci fosse molta più gente.

Tormentandosi le mani si mette a camminare da un capo all'altro della stanza vuota.

– Che tristezza! Non so cosa sia capitato, ma ho come l'impressione che ci sia sotto qualcosa.

Lui sembra non cogliere il significato delle sue parole.

Le racconta che sta scrivendo un libro su Carlo Stauffer, un noto pittore svizzero scomparso di recente, che frequentava i coniugi Welti. Chiede di poter dare un'occhiata alla biblioteca, dove potrebbero esserci documenti utili per la biografia.

La domestica fa un cenno negativo con l'indice.

– Mi dispiace, ma lei arriva troppo tardi! È appena stato qui il Consigliere federale con suo figlio e ha portato via libri, lettere, quadri e altri oggetti di valore.

Lo conduce nella biblioteca privata della signora. Gli scaffali di mogano sono scandalosamente vuoti. Sparita anche la corrispondenza relativa alla Fondazione Gottfried Keller, come pure quella, più cospicua, di Alfred Escher.

– Si sono anche impossessati di due quadri importanti. Uno, di grandissime dimensioni, era il ritratto della signora Welti tutta vestita di bianco. Mi pare fosse di quel pittore che dice lei. L'altro, intitolato «Posta del San Gottardo», era un Koller e la signora lo aveva ereditato dal padre. Per lei aveva anche un valore affettivo.

– Sono degli avvoltoi questi Welti. Sapevano che la signora era malata, eppure non si sono mai preoccupati per la sua salute. Quando però si è trattato di ereditare, si sono arricchiti alle sue spalle senza farsi troppi scrupoli.

L'uomo chiude la lampo della sua giacca a vento ed esce dalla biblioteca, dirigendosi verso l'uscita.

– Immagino abbiano i loro buoni motivi per far sparire le eventuali prove dei loro ingloriosi intrighi.

Stringe le labbra amareggiato e guarda oltre la testa della domestica. Attraverso i vetri della finestra vede che non piove più.

Tra la poca gente che si attarda nell'ora del crepuscolo, Brahm, aspettando il treno delle diciotto, cammina a passi lenti lungo la riva del lago, ascoltando il pulsare delle onde, e intanto pensa alla signora Welti, che non ha avuto la possibilità di conoscere. Da ciò che ha letto e sentito su di lei doveva essere stata una donna straordinaria, eppure tanto sfortunata. Non soltanto i Welti le hanno voltato le spalle nel momento del bisogno, ma anche i destinatari della donazione non le sono venuti incontro. Eppure il Dipartimento delle finanze ha ricevuto una donazione miliardaria, come mai nessuno in tutta la storia della Confederazione svizzera. Neppure i Consiglieri federali in carica hanno saputo ottemperare ai propri doveri nei suoi confronti. I possedimenti zurighesi di suo padre sono stati ceduti precipitosamente e la liquidazione dell'abitazione di Ginevra sta procedendo in un modo scandaloso. Come ha percepito anche la domestica, simili atteggiamenti nascondono qualcosa e la pubblicazione delle lettere, ragiona Brahm, contribuirà a far emergere un'ingombrante verità.

Un'atroce ingiustizia ha posto fine a due giovani vite, che con la loro arte e le loro idee originali avrebbero potuto arricchire l'umanità ancora per molti anni.

Lidia Welti-Escher e Carlo Stauffer hanno scelto di lasciare prematuramente questa terra, ma lo hanno fatto come il sole, che dopo il tramonto lascia dietro di sé una scia di luce, una punta di indaco, come brace di cenere.

BIBLIOGRAFIA

ARTE STORIA, numero speciale per il 125°
dell'apertura del tunnel ferroviario del San Gottardo
dicembre, gennaio 2007/2008.

Otto Brahm, *KARL STAUFFER-BERN – sein Leben, seine Briefe, seine Gedichte*,
Verlag Deutsche Buch Gemeinschaft Berlin.

Regina Dieterle, *LYDIA ESCHER*,
Verlag Neue Zürcher Zeitung, Zürich 2006.

Joseph Jung, *LYDIA WELTI-ESCHER – Ein gesellschaftspolitisches Drama*,
Verlag Neue Zürcher Zeitung, 2008.

Kunstmuseum Bern, *VERFLUCHTER KERL*,
Verlag Neue Zürcher Zeitung, Zürich 2007.

Bernhard von Arx, *KARL STAUFFER UND LYDIA WELTI-ESCHER – Chronik eines Skandals*, Verlag Zytglogge 1991.

Willi Wottreg, *DIE MILLIONÄRIN UND DER MALER*,
Orell Füssli Verlag AG 2005.

Documenti citati nel libro

34 Telegramma di Carlo e Lidia, VON ARX pag. 108

35 Lettera della madre a Carlo, VON ARX pagg. 117-118

42 Lettere di Carlo alla famiglia, VON ARX pag. 16

45 Lettera di Carlo al fratello, VON ARX pag. 119

47 Lettera di Carlo alla madre, VON ARX pag. 114

50 Risposta di Edo a Carlo, VON ARX pag. 132

53 Carlo scrive ai genitori, VON ARX pag. 27

56 Carlo scrive ai genitori, VON ARX pag. 32

63 Testamento di Lidia, VON ARX pag. 126

65 Lettera di Bavier al senatore, VON ARX pag. 145

73 Edo scrive alla mamma, VON ARX pag. 114

74 Arte storia, numero speciale per il 125°
dell'apertura del tunnel ferroviario del San Gottardo

85 Educazione femminile, JUNG pag. 306

85 Pensieri di Lidia, JUNG pag. 357

87 Pensieri di Lidia, JUNG pagg. 305, 306

91 Poesia, VON ARX pag. 173

97 Poesia, VON ARX pag. 178

101 JUNG pagg. 226-246

111 Articolo di giornale, *il Dovere*, 17.1.1890, VON ARX
pagg. 211-212

113 Articolo di giornale, *il Dovere*, 1.2.1891, VON ARX
pagg. 214-215

115 Lettera di Edo al Cons. fed. Droz, VON ARX pagg. 220-221

118 Lettera del Cons. fed. Welti a Bavier, VON ARX pag. 237

119 Poesia di Carlo a Emilio, VON ARX pag. 263

122 Estratto protocollare della Commissione federale di giustizia,
VON ARX pagg. 253-254

123 Lettera di Carlo a Edo, VON ARX pagg. 257-258

126 Considerazioni psichiatriche, JUNG pagg. 326-339

130 Formulario di dimissioni di Lidia dalla clinica psichiatrica,
VON ARX pag. 268

133 Lettera di Carlo a Lidia, VON ARX pag. 271

135 Risposta di Lidia a Carlo, VON ARX pag. 276

138 Lettera della signora Stauffer a Emilio Welti, VON ARX
pagg. 279-280

140 Conclusione della perizia psichiatrica, JUNG pagg. 338-339

143 Inesistenza di reato, VON ARX pag. 291

148 Lettera di Emilio a Lidia, JUNG pagg. 172-173

151 Lettera di Lidia a Otto Brahm, JUNG pag. 192

153 Articolo di giornale, *Neuezürcherzeitung*, 15.12.1891,
JUNG pag. 195

RINGRAZIAMENTI

Desidero ringraziare calorosamente Michele Fazioli, Ilario Domenighetti e Franco Zambelloni per i loro preziosi consigli, che mi hanno permesso di migliorare la stesura del testo.

Ho un debito di riconoscenza anche verso Lucia Soncin, un'editor attenta e competente, che non ha mancato di darmi utili suggerimenti.

Ringrazio infine Iris Consiglio, per la complessa traduzione del carteggio dal tedesco in italiano e per i suoi incoraggiamento nei miei momenti di dubbio.

Ad Armando Dadò, a Marino Cerini, a Lorenzo Inselmini e al personale della Tipografia Stazione va la mia riconoscenza per la proficua collaborazione.

Finito di stampare
presso la Tipografia Stazione SA
Locarno
il 30 novembre 2012
giorno di S. Andrea

1. DANIELA CALASTRI-WINZENRIED
   La baronessa delle isole

2. GIORGIO PASSERA
   Via Beltramina 20

3. BRUNA MARTINELLI
   Fra le pieghe del tempo

4. BRUNO SOLDINI
   Tango per emigranti e vagabondi

5. GIOVANNI ROSSETTI
   La stagione di Semionico

6. GIOVANNA SILVANI-WEIDMANN
   Arnoldo l'alpigiano. Un mito, una leggenda

7. GIOVANNI SOLDATI
   Una linea sottile

8. GIOVANNI ROSSETTI
   Compromesso svizzero

9. ANDREA GIANINAZZI
   L'uomo che vive sui treni – Racconti ferroviari

10. DANIELA CALASTRI-WINZENRIED
    Salamandre

11. GIUSEPPINA TOGNI
    Il prete rosso – Saga di una famiglia della Verzasca